U0919775

西南族群文化概论

黄秀蓉　主编

西南师范大学出版社
国家一级出版社　全国百佳图书出版单位

图书在版编目(CIP)数据

西南族群文化概论 / 黄秀蓉主编. —— 重庆 : 西南师范大学出版社，2019.2
ISBN 978-7-5621-9674-7

Ⅰ. ①西… Ⅱ. ①黄… Ⅲ. ①民族文化—研究—西南地区 Ⅳ. ①K280.7

中国版本图书馆 CIP 数据核字(2019)第 014636 号

西南族群文化概论

XINAN ZUQUN WENHUA GAILUN

黄秀蓉 主编

责任编辑:钟小族
装帧设计:观止堂_未氓　朱璇
排　　版:重庆大雅数码印刷有限公司·杜霖森
出版发行:西南师范大学出版社
网址:www.xscbs.com
地址:重庆市北碚区天生路2号
市场营销部电话:023-68253705
邮编:400715
印　　刷:重庆荟文印务有限公司
幅面尺寸:170mm×240mm
印　　张:12
字　　数:202千字
版　　次:2019年4月第1版
印　　次:2019年4月第1次
书　　号:ISBN 978-7-5621-9674-7

定　　价:36.00元

目录

绪论

一、西南地区自然地理概述

本书所说的西南地区，在自然地理范围上包括四川盆地、云贵高原和青藏高原三大地理单元；在当代行政区划上包括四川、云南、贵州、重庆三省一市以及西藏自治区。

中国西南地区是世界的屋脊，是长江、黄河和珠江三大水系发源的地方，是贯穿中国的半月形文化传播带经过的地方。区域内河流纵横，峡谷广布，地貌以高原和山地为主，另有分布广泛的喀斯特地貌、河谷地貌以及盆地、丘陵地貌。西南地区的腹地是青藏高原东麓地区（包括藏东南、川西高原和滇西高原），被称作中国西南山地生物多样性热点地区，区域内地势起伏很大，海拔最低点约73.1米，最高点为8844.43米，区域内海拔在5000米以上的山峰众多。

西南地区除西藏自治区外，气候大多属于亚热带季风气候，年温差较小，但年均温度分布很不均匀。西南地区雨量丰富，年均降水量约为1000～1300毫米，分布极不均匀，少雨和多雨地区雨量相差可达5倍之多。复杂的地理环境和气候条件造就了西南地区独特的生物多样性、族群多样性和文化多样性。就生物多样性而言，这里从热带亚热带动植物、温带动植物到高寒地区动植物一应俱全。就族群多样性而言，经过数千年的融合，这里迄今还生活着汉、藏、彝、羌、苗、瑶、白、水、侗、傣、怒、佤、拉祜、景颇、门巴、珞巴、独龙、布依、土家、仡佬、仫佬、布朗、哈尼、纳西、傈僳、普米、基诺、德昂、毛南、阿昌等世居族群，有的族群又细分为若干支系，是中国族群最集中的地区，蕴含着丰富的民族志材料，是进行民族学、人类学和民族考古研究最为理想的区域。就文化多样性而言，西南地区地理环境多样性和族群多样性决定了经济生活的多样性，农、牧、林、猎、渔、采集等生计模式在这里都存在，现代宗教与多种民间宗教信仰并存。除了普遍采用的汉文、藏文、彝文、傣文以外，西南地区还保留有东巴文、水书等在特定宗教职业群体中流传的文字体系。各个族群在这里长期共存，生息繁衍，各种族群文化相互交流传播，使西南地区成为我国族群文化的宝库，也是世界上最大的多族群区域之一。

（一）重庆市

重庆市处于四川盆地的东部边缘，大部分地区属于长江中上游的三峡库区，是中国经济发达的东部地区与资源丰富的西部地区的结合部，也是“渝新欧”国际铁路联运大通道的起点。

重庆整体地貌属于山区，类型较为多样，有高山、低山、丘陵、台地、平坝等，以山地和丘陵为主。华蓥山以西为缓和的丘陵地貌；华蓥山至方斗山之间为平行岭谷区域；北部为大巴山；东部、东南部及南部则有巫山、大娄山。区内地势起伏较大，东部、东南部地势较高，西部地势较低，最高处为大巴山的川鄂岭，海拔约 2797 米，最低处为巫山长江水面，海拔约为 73.1 米。区内东部和东南部地区有大量喀斯特地貌分布。

重庆市气候属于亚热带季风性湿润气候。年平均气温在 18 摄氏度左右，1 月气温平均在 6～8 摄氏度左右，7 月气温平均在 27～29 摄氏度左右，日照总时数 1000～1200 小时，冬暖夏热，无霜期长，雨量充沛，常年降雨量在 1000～1400 毫米之间，雨热同季。

在重庆，世代生活着土家、苗、仡佬等族群。明清时期，又有蒙古、回、满等族众迁入居住，形成多民族和谐共居的模式。根据 2010 年第六次全国人口普查数据，重庆的少数民族人口总数大约 1937109 人，约占全市总人口的 6.71％。

（二）贵州省

贵州省地处云贵高原，以山地丘陵居多，素有“地无三尺平”之说。贵州北有大娄山，娄山关海拔 1576 米；中南部有苗岭，主峰雷公山海拔 2179 米；东北有武陵山，主峰梵净山海拔 2494 米；西部有乌蒙山，韭菜坪海拔 2900.6

米，为贵州省内最高点。贵州省海拔最低点位于黔东南州黎平县的水口河出省界处，海拔 147.8 米。贵州省内岩溶分布广泛，形态类型多样化，是非常典型的岩溶地貌区。

贵州省气候属亚热带季风性湿润气候，呈现出多样性特点，“一山分四季，十里不同天”是其真实写照。温差小，冬暖夏凉。1 月平均气温 3～6 摄氏度；7 月平均气温 22～25 摄氏度。降水较多，雨季明显。

贵州省是一个典型的多民族杂居省份，四大族系的族群在贵州省内都有分布，苗、瑶族群的人口数量尤多。根据 2010 年全国第六次人口普查数据，贵州各个少数民族人口总数大约为 12404400 人，约占贵州省总人口数的 35.70%。

（三）云南省

云南省以山地高原为主。东部为滇东、滇中高原，是云贵高原的组成部分，平均海拔 2000 米左右，多为和缓的低山和丘陵，广泛分布着石灰岩层，有各种类型的岩溶地形。西部为横断山脉纵谷区，西北部是青藏高原的延伸部分，平均海拔在 3000～4000 米左右；西南部地势稍缓，河谷逐渐宽广，山地海拔一般低于 3000 米，河谷盆地海拔一般在 800～1000 米，是云南省主要的热带亚热带地区。

由于地处低纬度的高原，云南省的地理位置特殊，地形地貌复杂，气候的区域差异和垂直变化十分明显，同时具有寒、温、热（包括亚热带）三带气候。大部分地区四季如春，冬暖夏凉。1 月气温平均在 6～8 摄氏度之间，7 月气温平均在 19～22 摄氏度之间。

云南省也是典型的多民族杂居省份，全省的各个地区都有少数民族居住。四大族系的族群皆有分布，氐羌族系族群在数量上占优势。根据 2010 年全国第六次人口普查数据，云南各个少数民族人口数为 15349186 人，占云南全省总人口数的 33.40%。

（四）四川省

四川地形复杂多样，高原、山地、丘陵和平原均有，以山地和高原为主。东西差异较大，可分为四川盆地和川西北高原和西南山地三大部分。东部为盆地、丘陵，海拔在1000～3000米之间，东部盆地面积达16.5万平方千米；西部为高原、山地，海拔多在4000米以上。

气候的地域差异较大，从南亚热带到寒温带的各种气候带都有。全省年平均气温盆地区域在16～18摄氏度之间，川西南山地在12～20摄氏度之间，川西北高原在4～12摄氏度之间。气候温暖湿润，冬暖夏热。大部分地区年降水量在900～1200毫米之间，盆地地区和西南山地大部分在1000毫米以上。

四川省的少数民族人口主要分布在西部以及西南部，以氐羌族系族群为主，南部以苗瑶族群为主。根据2010年全国第六次人口普查数据，各个少数民族的人口总数为4907804人，占全省总人口数量的6.10%。

（五）西藏自治区

西藏自治区位于青藏高原西南部，地势由西北向东南倾斜，地形复杂多样，平均海拔在4000米以上，素有"世界屋脊"之称。境内海拔在7000米以上的高峰有50多座，其中8000米以上的有11座，被称为除南极、北极以外的"地球第三极"。全区为喜马拉雅山脉、昆仑山脉和唐古拉山脉所环抱。地形地貌复杂多样，可分为四个地带：一是藏北高原，为一系列浑圆而平缓的山丘，其间夹着许多盆地；二是藏南谷地，海拔平均在3500米左右，在雅鲁藏布江及其支流流经的地方，有许多宽窄不一的河谷平地；三是藏东高山峡谷，为一系列由东西走向逐渐转为南北走向的高山深谷，北部海拔5200米左右，山顶平缓，南部海拔4000米左右，山势较陡峻，山顶与谷底落差可达2500米；四是喜马拉雅高山区，由几条大致东西走向的山脉构成，平均海拔6000米左右。

西藏的气候独特而复杂多样，总体上具有西北严寒干燥、东南温暖湿润的特点，由东南向西北依次有热带、亚热带、高原温带、高原亚寒带、高原寒带；气候由湿润向半湿润、半干旱、干旱过渡。由于地形复杂，还有多种多样的区域气候及明显的垂直气候带，呈现出日照时间长，辐射强烈；气温较低，温差大；干湿分明，多夜雨；冬春干燥，多大风；气压低，氧气含量少等特点。

由于海拔高，纬度低，空气稀薄，西藏年均日照时数在1475至3554小时之间。平均气温由东南向西北逐渐递减，全区年均温度在－2.8摄氏度到

11.9 摄氏度之间，温差较大。西藏年降水量在 74.8 至 901.5 毫米之间，地区分布极为不均，由东南向西北递减。

西藏自治区的世居人口主要为藏族。根据 2010 年全国第六次人口普查数据，藏族人口为 2716388 人，其他少数民族人口为 40514 人，占全省总人口数量的 91.83%（其中，藏族人口占总人口数的 90.48%，其他少数民族占总人口数的 1.35%）。

二、族群与族群文化

在民族学与人类学界，族群并不是传统研究的核心概念，但从 20 世纪中叶以来，它逐渐成为西方民族学与人类学研究的热门话题。20 世纪 90 年代以来，中国的民族学与人类学研究也开始引入这一概念，试图以“族群”一词来取代“民族”所表达的人群的文化意义。

（一）族群

1. 西方学术界族群概念的演变

族群的英文为“ethnic”，其词源为希腊文“ethnos”的形容词形式“ethnikos”。“ethnic”进入英文以后，很长一段时间都没有发展出它的名词形式，只有一个复合名词“ethnic group”。直到 20 世纪 50 年代，美国学界才派生出其名词形式“ethnicity”。最初，“ethnic”被用来指代那些不信仰基督教与犹太教的群体。到 19 世纪，“ethnic”一词成为 “race”（种族）一词的同义语。“ethnic”被解释为“种族的、人种学的”，其衍生词汇“ethnology”“ethnography”分别被翻译成汉语的“人种学”“人种志”。

20 世纪 30 年代，西方人类学界开始把“race”和“ethnic”区分开来，“race”主要用于人类体质变异的研究，“ethnic”则主要用于人类社会文化变迁的研究。同时，“ethnic”一度被用来指代那些与社会主流文化不同的事物，“ethnic group”被用来指称较大社会中具有不同文化的亚群体或人口占少数的群体。第二次世界大战以后，西方学术界对“ethnic”一词的运用更为广泛，那些享有共同语言、共同文化并能代际相传的群体都被冠以“ethnic group”的称呼。

20 世纪 50 年代以来，西方学者对“ethnic”一词的定义很多，以利奇、韦伯、巴斯等人的观点较为典型。民族学、人类学界常用的是韦伯的定义:“某种群体由于体质类型、文化的相似或者由于迁徙中的共同记忆,面对他们共同的世系抱有一种主观的信念,这种信念对非亲属社区关系的延续相当重要,这个群体就被称为族群。”《哈弗美国族群百科全书》在对族群下定义时,综合了韦伯、巴斯等人的观点,把族群的边界和内涵进行了综合,认为族群是一个有一定规模的群体,意识到自己或被意识到其与其周围不同,并具有一定的特征以与其他族群相区别,即“我们不像他们,他们不像我们”。

2. 中国学术界对族群概念的界定

近年来,更多国内民族学、人类学学者也开始使用“族群”(ethnic)这一概念来研究国内的少数民族群体。他们的研究中,也对“族群”做出了自己的界定。

潘蛟认为,20 世纪六七十年代,“族群”取代了“部落”在人类学研究中的重要地位,反映了西方意识形态和人类学研究取向的转型。从此以后,“ethnic”的基本含义就发生了变化,指那些在语言、文化、历史、血统、族源上有共性的群体或次群体。“ethnic group”也就成为一个含义宽泛的概念。当“ethnic”派生出名词“ethnicity”后,大约在 20 世纪 70 年代,它们在欧美学界被普遍使用。[①]

徐杰舜对族群的定义是:所谓族群,是对某些社会文化要素认同而自觉为我的一种社会实体。纳日碧力戈认为,族群兼具种族、语言、文化含义,本质上是家族结构的象征性扩展,它继承了家族象征体系的核心部分,以默认或者隐喻的方式在族群乃至国家的层面上演练原本属于家族范围的象征仪式,并且通过构造各种有象征意义的设施加以巩固。

在吴泽霖主编的《人类学词典》中,族群的定义是:一个由民族和种族自己集聚而结合在一起的群体。这种结合在其成员中是无意识的承认,而外界则认为他们是同一体;也可能是由于语言、种族或文化的特殊,而被原来一向有交往或共处的人群所排挤而集居。因此,族群是个含义极广的概念,它可以用来指社会阶级、都市和工业社会种族群体或少数民族群体,也可用来区分居民中不同文化的社会集团。这一概念综合了社会标准和文化

① 潘蛟. “民族”的舶来及相关的争论. 北京: 中央民族大学, 2000.

标准。

从“族群”这个概念被引进到目前为止，经过多年的讨论，中国学界对“族群”的定义仍然存在较大的分歧，但也在一定程度上达成了一些共识，如“族群”并不是孤立存在的，它存在于与其他群体的互动中，换句话说就是：没有“他者”就没有“自我”，没有“其他族群”就没有“自我族群”。在实际的研究中，巴斯的“族群边界”概念是我们理解“族群”的关键。

（二）民族

在分析了汉语“族群”一词的发展变化之后，我们再来看“民族”一词的发展演变。

民族一词虽然在古代汉语中久已存在，但其所表达的意义却与现代汉语中民族一词的含义相去甚远。现代汉语中的“民族”，最初来自日制汉语，乃是对英文“nation”或“nationality”的对译。“nation”的基本含义是“民族”或“国家”，或连用为“民族国家”，而“国家”这一层面的意义应用得更为广泛。英国学者 A. D. 史密斯对“nation”的定义就居于国家层面：nation 是一个在横向和纵向联系上一体化、拥有固定领土的群体，它是以共同的公民权利和具有一种（或更多）共同的集体意志为特征的。“nationality”一词则更多地应用于“国籍”的层面。

国内民族学界主要是通过对斯大林的四个共同论及西方民族观的反思，联系国际国内现实，逐步建立起新的民族观，其核心是从文化角度去理解民族。

马戎提出，我们今天所谈到的民族概念实际上十分复杂，包含了社会、政治、经济、文化等各方面含义及人为因素，是一个“复合型”概念。世界各国使用的“民族”“族群”概念，因发展历史、社会经济、文化等各方面的差异，其内涵也必然有差异，我们在研究时更重要的是研究、理解其内涵，在交流时不致出现太大歧义，不必孜孜以求一个放之四海而皆准的“标准”定义。

（三）族群与民族的关系

族群与民族这两个紧密联系又各有特征的概念，它们之间存在什么样的关系？族群与民族等同吗？族群与民族之间存在着包含与被包含的关系吗？

对于以上这些问题，林耀华先生曾经做过较为详细的探讨。他认为“民族”的诸多含义中，最为常用的有两个方面：民族相当于“ethnic group”（族群），或相当于“nation”。他进一步指出，族群（ethnic group）专用于共处于同一社会体系（国家）中，以起源和文化认同为特征的群体，适用于一国之内；民族（nation）的定义即“民族国家”，适用于各国之间。这一观点对民族与族群这两个概念进行了区分。如此，我国汉族中的不同支系（方言区）和各个少数民族，可用“族群”进行称呼；在国家层面上，则可以用“民族”这一概念，比如中华民族。换句话说，就是“民族”概念大于“族群”概念，“民族”包含了“族群”。中国很多学者都支持这样的区分。也有学者认为，“民族”一词的内涵过于复杂，并没有合适的英文词汇与之对应，应直接使用汉语拼音“Minzu”。

美国人类学家斯蒂文·郝瑞曾长期在中国西南民族地区从事人类学田野工作，对西方学术界的“族群”与中国话语下的“民族”有着较为深入的认识。他认为，“族群”与“民族”这两个概念，除了所指称的对象具有相似之处以外，二者几乎没有共同之处。他对二者进行了如下的区分：

族群（ethnic group）	民族（Minzu）
西欧/北美的概念	中国/俄罗斯的概念
地方语境	国家语境
平民百姓	精英
主位/主体性	客位/客体性
流动性	固定性

郝瑞认为，“族群”是在地方性语境中被界定的，强调群体成员的主体性和主观认同的概念；“民族”则被框定在国家（state）的民族主义语境里，强调的是人口和文化这样的客观事实。正是这种主观与客观、主位与客位的不同立场和思维模式，使得“族群”与“民族”这两个词在意义上无法对接。[①]

基于以上论述，笔者认为，“族群”与“民族”的主要区别在于其所处的地位或政治状态的差异。“民族”一般是指具有固定的政治疆域或国家主权的群体，它不仅具有文化认同，还具有共同的地域和共同的经济联系。“族群”

① （美）斯蒂文·郝瑞. 田野中的族群关系与民族认同——中国西南彝族社区考察研究. 巴莫阿依，曲木铁西，译. 南宁：广西人民出版社，2000.

则是指具有文化认同而没有政治疆域或国家主权的群体，但是可以获得一定程度上的区域自治权利。不可否认的是，族群也或多或少会有政治诉求，但是这些诉求一般不会涉及政治疆域或主权方面的问题，能够得到一定程度上的承认。

基于族群与民族的这些差异，本书在讲述西南地区的地域文化时，我们对创造和使用这些文化的人群，称之为族群而不是民族，主要原因有二：一是生活在西南地区的群体，在当代社会中没有政治疆域或国家主权的要求，不具备“民族”一词所具有的典型政治特征；二是本书主要讲述的是这些人群的传统文化特征，更符合“族群”的特征与定义。

（四）文化与族群文化

1. 文化

在汉语中，“文化”一词最初是分开使用的。“文”在甲骨文中是一个正面站立的人形，身上刻画着交错的线条，故徐中舒说“文”乃是“正立之人形，胸部有刻画之纹饰，故以文身之纹为文”。[①]《易经・系辞下》记载：“古者包牺氏之王天下也，仰则观象于天，俯则观法于地，观鸟兽之文，与地之宜，近取诸身，远取诸物，于是始作八卦，以通神明之德，以类万物之情。”这段话中的“鸟兽之文”，即鸟兽身上的各色纹理。据此，“文”的最初含义是画在人身上的或鸟兽本身的纹理交错的图像。在后来的汉字演化过程中，“文”字的含义不断丰富，发展出“修养”“教养”等诸多含义。“化”字在《说文解字》里是这样解释的：“化，教行也。”段玉裁注释为“教行于上，则化成于下”。两个字组合在一起，其意义就是“通过教行使人具有修养”。

“文”“化”二字合并成词，最早见于汉代刘向的《说苑》：“圣人之治天下，先文德而后武力，凡武之兴，为不服也；文化不改，然后加诛。”这段话中的“文化”一词，其意为“文明教化”，“文”的功能在于“教化”不文明的对象，也就是孔颖达所说的“观乎人文以化成天下”之意。所以，在古汉语中，“文化”一词既包含“文明”“人文”的内容，又含有“教化”的意义，与现代西方国家的“文化”概念既有一定的相似性，又体现出差异性。

---

① 徐中舒．甲骨文字典（卷九）．成都：四川辞书出版社，2003.

与汉语“文化”一词对应的英文词汇为“culture”，它源于拉丁语，词根为“colere”，基本意义为耕种、居住、敬神以及保护等等，更多地体现出人类改造自然（物质生产活动）的意义。据《牛津词典》，“culture”一词首次出现在英文中的时间是 1510 年。当时，“culture”的意义主要还是“种植”与“栽培”，并引申出“性情陶冶”与“品德教化”等含义。后来，“culture”一词进一步引申出人类在改造自然的基础上进行自我改造的意义，包括各种生产生活技能的习得，性情、品德的陶冶等。

不难看出，中国与西方的“文化”概念，从最初的意义到使用范围，都存在差异。中国的“文化”侧重精神方面；西方的“culture”侧重物质、技术等方面，并进一步发展为兼容并包的整体性文化。

文化与人类同时产生，人类的历史就是文化的历史。古今中外的很多学者都对文化下过定义，多达几百种。1871 年，英国人类学家泰勒在《原始文化：神话、哲学、宗教、语言、艺术和习俗发展之研究》中对“culture”一词作了较为全面的系统的阐释：“文化，或文明，就其广泛的民族学意义来说，是包括全部的知识、信仰、艺术、道德、法律、风俗以及作为社会成员的人所掌握和接受的任何其他的才能和习惯的复合体。”[①]泰勒对文化的定义为学术界多数人所接受，其影响一直持续到今天。国内接受度较广的是钟敬文先生的定义：“文化就是一定的时空条件下的一定的人类群体的生活方式、习俗、秩序与生存样态。”[②]《辞海》对文化的定义则有广义与狭义之分：“从广义来说，指人类社会历史实践过程中所创造的物质财富与精神财富的总和。从狭义来说，指社会的意识形态，以及与之相适应的制度和组织机构。”本书采用广义文化定义，把人类在适应自然、改造自然过程中所创造的物质与精神财富都纳入研究的范畴。

2. 族群文化

与文化的定义一样，族群文化的定义也有多种不同的表述。归纳起来，也分为广义与狭义两大类别。

广义的族群文化，是指一个族群在长期的生产生活中共同创造并以此

① （英）爱德华·泰勒. 原始文化：神话、哲学、宗教、语言、艺术和习俗发展之研究. 连树声，译. 桂林：广西师范大学出版社，2005.

② 钟敬文. 民俗学论集. 上海：上海文艺出版社，1998.

为生的一切文明的总和，包括物质、精神和介于物质与精神之间的制度方面的成果。其中，饮食、服饰、建筑等属于物质文化的内容；语言、文字、文学、科学、艺术、哲学、宗教、风俗、节日等属于精神文化的内容；政治制度、习惯法等一系列反映和确定一定社会关系并对社会关系进行整合和调控的社会规范体系属于制度文化，如历史上曾经在西南民族地区广泛执行过的土司制度等。广义的族群文化反映某一族群特定的历史发展水平。

狭义的族群文化特指一个族群的精神创造物，它侧重于人群的心态因素，排除了纯粹的物化自然世界，是一个族群在长期的历史中发展起来并能够代际相传的人文精神的总和与具体体现，包括语言、文字、文学、科学、艺术、思想道德、价值观念、哲学、宗教信仰、风俗、节日等内容。

无论广义的族群文化还是狭义的族群文化，从语义方面来讲，都具有本族群区别于其他族群的文化特性。族群性是其最本质、最明显的特征。不同的族群有不同的族群文化，而族群文化的差异是划分不同族群的主要标志。族群文化能够代际相传，具有重要的教育价值。

第一，族群文化有助于族群精神的塑造。族群文化中蕴含的优秀精神品质可以转化成人们自身的素养并逐渐积淀为族群心理、族群品格，使一个族群不断获得精神力量，从而持续发展。

第二，族群文化中那些最具族群性与艺术特征的部分，如音乐、舞蹈、建筑等，不仅包含了族群特有的审美观念与审美意识，而且包含人与人、人与自然之间和谐相处的奥秘，到今天仍然具有价值。

第三，族群文化的代际传承过程中必然存在文化的创新。族群文化在不断地传承与创新中，塑造着族群成员的文化素质，同时也推动传统文化向前发展。

西南地区不同的自然环境，各族群不同的生产力水平与社会发展阶段，造就了西南地区不同的地缘文化类型与族群文化类型，大致可分为藏文化、巴蜀文化与滇黔文化三类。

藏文化：自古居住在青藏高原的藏民族，很早就与源自印度的佛教结下了不解之缘。在西藏高原，结合了藏族原始宗教——苯教的藏传佛教，一直扮演着非常重要的角色，藏文化在某种意义上说也是一种宗教文化。从寺庙、建筑与服饰、各种人生礼仪，到音乐、舞蹈、绘画、戏剧、雕刻、文学等等，无不深深地烙下了藏传佛教的印迹。

巴蜀文化:巴蜀是一个特定称谓,如今已分为巴与蜀,其核心区域是今天的四川省与重庆市。巴蜀文化源远流长,在中国上古三大文化体系(巴蜀、齐鲁、三晋)中占有重要地位。巴蜀文化兼具农耕文化与游牧文化的特征,休闲文化发达,在饮食、茶、酒等方面颇具地方特色。巴蜀文化具有强大的辐射能力,除了与中原文化相互渗透,还因为巴蜀是西南丝绸之路的出发点,与东南亚各国保持着密切的交往,对西南地区各族群乃至东南亚诸国的文化都产生了较为深刻的影响。因此,巴蜀文化突破了自身的地域特色,具有了大西南地域文化意义与国际文化交流意义。

滇黔文化:滇黔地处云贵高原,是我国少数民族最为集中的地区。从历史时期看,该区域的汉族大多融于少数民族之中,所以,滇黔文化可以说是少数民族文化。滇黔文化中最具特色的是热烈奔放的民族歌舞与节日风情,比如彝语支族群的火把节,傣语支族群的泼水节,苗族的祭鼓节,壮族的歌会,等等。这些歌舞与节日都是洒脱、随意、尽兴的,几乎所有的节日都有唱歌、跳舞的内容,男女恋爱是大多数歌舞的主题。长期以来,这种最为直接的感情表达方式在滇黔文化中经久不衰,显示出滇黔文化的地域特色和长久的生命力,在中国诸多地域文化中别具一格。

三、西南地区世居族群之源流

西南地区范围广大,自然环境复杂,是我国远古人类的发祥地之一,史前时期即有人类生息繁衍在这片土地上。在历史的发展过程中,又有许多其他区域的人群迁徙到这里,与当地居民融合,最终形成当代西南地区的各个族群。中华人民共和国成立以后,国家识别的世居西南地区的单一民族就有 30 个之多,[①]被称为"民族大观园"。有的省区,少数民族居住地占了大部分,族群人口也占多数。例如西藏自治区,藏族人口占全区总人口的 90%以上。

西南地区的世居民族,按照历史语言系属划分,分别是:汉藏语系藏缅

① 西南地区除了这些世居族群之外,还生活着从其他区域迁徙来的族群,如蒙古族、满族、回族等,但本书只涉及世居族群,特此说明。

语族藏语支的藏族、门巴族、珞巴族;汉藏语系藏缅语族彝语支的彝族、白族、纳西族、傈僳族、哈尼族、拉祜族、基诺族;汉藏语系藏缅语族景颇语支的景颇族和独龙族;汉藏语系藏缅语族羌语支的羌族和普米族;汉藏语系藏缅语族未定语支的怒族、阿昌族、土家族;汉藏语系壮侗语族壮傣语支的壮族、傣族、布依族、侗族、水族;汉藏语系壮侗语族仡央语支的仡佬族、仫佬族、毛南族;汉藏语系苗瑶语族苗语支的苗族、瑶族;南亚语系孟高棉语族的佤族、布朗族以及德昂族。另有部分未被识别为单一民族的群体,包括西藏的僜人、夏尔巴人;云南的克木人;贵州的穿青人、僅家人,等等。

根据多年来对西南地区族群起源的不断探索和研究,学者们对西南世居族群的起源问题基本达成共识,即西南世居族群起源于四大不同的族系:汉藏语系藏缅语族诸族源于氐羌系,汉藏语系壮侗语族诸族源于百越系,汉藏语系苗瑶语族诸族源于南蛮系,南亚语系孟高棉语族诸族源于濮人系。

(一)氐羌系诸族在西南地区的发展演变

中国西北的河湟一带(黄河与其支流湟水冲击形成的两大河谷地带,是青海东北地区主要的农业地带),是中华民族古代文化的摇篮,氐羌人即发源于此地。在长期的发展过程中,氐羌人的一部分东进,与黄河中下游地区的部落集团融合,先后形成夏、商、周三族并相继建立国家,最后融合为华夏族,在秦汉时期又融合了其他族群形成汉民族。同一时期,氐羌人的另一部分沿今天的藏彝走廊不断西进、南下,其中西进的一支在青藏高原上较为独立地发展为藏语支各族;南下的部分与当地居民融合,发展为今天汉藏语系藏缅语族各族群。尤中先生认为:“古代居住在西南地区属于氐羌系统的部落,是分别发展为近代藏缅语族各兄弟民族的核心。”[①]马曜先生也认为:“战国秦献公时,北方的一部分羌族南下到大渡河、安宁河流域,与原来分布在这一带的氐羌族群会合,他们是今藏缅语族各族的主要来源。”[②]

公元前3世纪时,中原地区渐趋统一。生活在西南地区的氐羌诸族,也在发展着自己的社会经济文化。这一时期的汉文典籍中,西南氐羌系诸族被包含在“西南夷”这一总称之中。西南夷,最早见于司马迁的《史记·西南

① 尤中.中国西南民族史.昆明:云南人民出版社,1985.

② 马曜.云南二十几个少数民族的源和流.云南社会科学,1981(1).

夷列传》:“西南夷君长以什数,夜郎最大;其西靡莫之属以什数,滇最大;自滇以北君长以什数,邛都最大……其外西自同师以东,北至楪榆,名曰嶲、昆明,地方可数千里……自嶲以东北,君长以什数,徙、筰都最大;自筰以东北,君长以什数,冉駹最大……在蜀之西。自冉駹以东北,君长以什数,白马最大。”①《汉书》《后汉书》《华阳国志》等书对西南夷均有专篇论述,而且内容更加充实。此外,《汉书》《后汉书》《华阳国志》还提到了僰、句町、漏卧、且兰、哀牢、濮、滇越、摩沙夷等《史记》中未曾出现过的族群。

唐宋时期,西南地区的族群非常复杂,西部的乌蛮和白蛮发展程度很高,先后以今天云南西北部地区为中心建立了地方民族政权南诏与大理,政权持续时间与唐、宋王朝大体相当。氐羌系其他部族也在不断发展,比如北部乌蛮各部,主要分布在大渡河以南、金沙江以北和滇东北、黔西一带,包括7个大部落;东部乌蛮各部,主要分布在滇东北、滇东、黔西南达交趾边境;和蛮,主要分布在今滇南红河、文山州一带;磨西蛮,主要分布在今云南丽江、四川盐源等地。

元明清时期,由于中央政权统治的加强以及自身的发展,西南地区各族群的社会经济、文化发展很快。氐羌系各族群经过不断的发展分化,形成今天西南地区藏缅语族各族,包括彝、白、纳西、傈僳、哈尼、拉祜、基诺、怒、景颇、独龙、阿昌、羌、普米以及土家等族。

(二)百越系诸族在西南地区的发展演变

汉藏语系壮侗语族诸族,在族群起源上与古代“百越”(百粤)有密切的关系。《汉书·地理志》说:“自交趾至会稽七八千里,百粤杂处,各有种姓。”同书《严助传》又说:“越,方外之地,剪发文身之民也。”②由此可知,“粤”即“越”,是我国古代南方的族群。公元前3世纪前后,越人开始从今浙江、福建沿海往西迁徙,一直达到今天云南的西南部地区。这一区域广泛分布着具有共同起源但“各有种姓”的越语族群,故被称为“百粤”(百越),以“文身断发”为共同特征。属于百越的主要部落有闽越(今福建一带)、东瓯越(今浙江)、南越(今广州一带)、西瓯越(今广西及越南北部)、骆越(今广西北

① 司马迁.史记.北京:中华书局,1959.

② 班固.汉书.北京:中华书局,1962.

部)、滇越(今云南西南部)。秦汉时期,百越系诸族也被包含在西南夷之中。

到东汉时,汉文典籍对百越系诸族中的一部分开始使用俚、僚的称呼。魏晋南北朝及隋唐时期,俚、僚的称呼就较为普遍了。俚,又写作“里”。最早见于《后汉书》,东汉建武十二年(36年),“九真徼外蛮里张游,率种人慕化内属”,被东汉王朝封为“归汉里君”。李贤注云:“里,蛮之别号,今呼为俚人。”[①]僚,最早见于西晋陈寿著《益都耆旧传》,《三国志·蜀书·张嶷传》裴注亦云:“牂牁、兴古僚种复反。”俚、僚又往往并称“俚僚”,晋宋间人裴渊著《广州记》就称:“俚僚铸铜为鼓。”

金齿、茫蛮是唐宋时期汉文典籍对百越系傣族先民的称呼,由汉晋时的滇越、掸人发展而来,主要分布在永昌、开南境内,即今云南保山南部、德宏、腾冲、临沧东西部、思茅、西双版纳等地。13世纪后,傣族的称呼繁多,有白衣、白夷、百夷、摆夷等,聚居在西双版纳、德宏、孟连、耿马等地,散居于澜沧江东西两岸各县,明清时期逐渐形成单一民族实体傣族。

事实上,壮侗语族各民族大约从唐代开始就从俚、僚中不断分化出来,先后于宋、元、明逐渐形成单一民族,即今天的壮、侗、布依、水诸族。

(三)南蛮系诸族在西南地区的发展演变

南蛮系诸族包括现在的苗、瑶、畲三族。这三个族群在起源、分布、语言、文化等方面都有着密切的联系,故有学者认为“苗、瑶、畲同源”。与他们有直接渊源的古代族群是蚩尤三苗系,是古代南蛮集团中的一部分。

按传说,蚩尤是东方九黎部落的首领,活动范围在今山东与江苏的北部地区,曾与炎黄集团发生战争,在涿鹿一战中,蚩尤的九黎部落战败,蚩尤本人战死。此后,九黎部落中的一部分人融入炎黄集团,成为华夏族的一部分。另一部分则开始从黄河流域南迁,到达淮河以南的江淮地区,形成三苗集团,与当地居民被统称为南蛮。南蛮部落众多,种类繁杂,《逸周书·王会解》中载有“九夷,十蛮”,其中就包括长江中游的三苗、楚、群蛮,而三苗、楚、群蛮与今之苗瑶语族各族之间有密切的关系。

三苗,在先秦文献又称有苗、苗民。在尧舜禹时期,三苗集团曾与中原

① 范晔.后汉书.北京:中华书局,1965.

的部落进行过长期的战争。战败后，部分三苗民众被迫西迁进入三危地区，《庄子·在宥》："投三苗于三巇（危）。"一部分继续向南方迁徙，进入江汉地区，郭璞《山海经注》云："尧以天下让舜，三苗之君非之，帝杀之。有苗之民，叛入南海，为三苗国。"

到商周时，包括三苗在内的大批蛮人迁入江汉的楚地，楚地也称荆，故三苗一名被荆、荆楚、荆蛮（蛮荆）所取代。《诗经》有"蠢尔蛮荆，大邦为仇"的记载。荆蛮、南蛮与苗瑶语族各族有一定的渊源关系。《后汉书·南蛮西南夷列传》谓："槃瓠死后……其后滋蔓，号曰蛮夷。"《夷俗考》则说："南蛮，槃瓠之后，曰瑶。"《宋史·蛮夷传》有："以蛮瑶治蛮瑶。"顾炎武则说："瑶乃荆蛮。"

秦汉时，在荆蛮及南蛮地区设立郡县，在荆襄、江淮及今湘、鄂、川、黔毗邻地区设长沙郡、武陵郡，居住在两郡的诸族被称为长沙蛮、武陵蛮，或者称长沙武陵蛮。从东汉开始，武陵蛮又称五溪蛮，《水经注·沅水》载："武陵有五溪……蛮夷所居，故谓五溪蛮也。"五溪蛮族类复杂，但主要居民是槃瓠之后的苗族、瑶族、畲族的先民。

秦汉以后，原先包括在五溪蛮中的苗瑶语族诸族因各种原因，四处迁徙，向西南迁徙至川、黔、桂、滇的部分逐渐形成今天的苗、瑶族群，向东迁到闽、粤、赣的逐渐形成畲族（不在本书的讲述范围之内）。

（四）濮人系诸族在西南地区的发展演变

相关汉文文献将居住在哀牢地区的居民统称为"哀牢夷"，濮人系的孟高棉诸族包括在"哀牢夷"之内。晋代常璩就明确指出了哀牢地区的各族群："永昌郡，古哀牢国。……其地东西三千里，南北四千六百里。有穿胸、儋耳种、闽越濮、鸠僚。"又说："宁州之极西南也，有闽濮、鸠僚、僄越、裸濮、身毒之民。"[①]其记载不再把哀牢夷作为该地区民族的总称，而是分出了族别，其中的"濮"就是指今天的孟高棉诸族。永昌郡地区（今云南保山市）的主要居民是濮人，说明濮人部落人口众多，广泛地活动于澜沧江、怒江流域。

经过不断的发展，古代永昌地区的濮人在唐代开始分化，其中的一部分

---

① 刘琳.《华阳国志》新校注.成都：四川大学出版社，2014.

被称为“望蛮”“望苴子”“望外喻”，另一部分被称为“朴子蛮”。到元、明、清时期，“望蛮”等部落又被称为“哈剌”“哈瓦”“卡瓦”，是佤族先民。唐代的“朴子蛮”，明清时被称为“蒲蛮”“黑蒲”等，是今天布朗族、德昂族的先民。清代蒲人中又分化出一部分，被称为“崩龙”，是德昂族的先民，也是德昂族最早出现的单一称呼。

从历史时期到当今，四大族系的各族群分布非常复杂，不但与其他族群交错杂居，四大族系诸族也交错杂居，在西南地区形成“大杂居、小聚居”的特点，相互影响，政治、经济、文化多有变异。同时，四大族系中的相当一部分族群在历史、文化上与东南亚各国的部分族群有着十分紧密的联系。

【参考文献】

[1]钟敬文.民俗学概论.上海:上海文艺出版社,1998.

[2]宋蜀华,陈克进.中国民族概论.北京:中央民族大学出版社,2001.

[3]林耀华.民族学通论.北京:中央民族大学出版社,1990.

[4]钱穆.中国文化史导论.北京:商务印书馆,2000.

[5]胡绍华.中国南方民族发展史.北京:中央民族大学出版社,2004.

[6]蒋立松.文化人类学概论.重庆:西南师范大学出版社,2008.

【思考题】

1.何为族群？何为民族？二者的联系与区别是什么？

2.文化的本质是什么？

3.西南世居族群的历史语言属系怎么划分？

4.简述西南世居族群的历史源流演变。

第一章　西南地区各族群概述

西南地区地理环境的多样性、族群的多样性以及社会发展阶段的差异性，决定了居住在这里的人群的社会经济生活的多样性，农、牧、林、猎、渔、采集等生计模式在这一区域都存在。由于历史的原因，生活在西南地区的四大族系诸族发展极不平衡，有的发展程度较高，有的还处于较为落后的经济状态，彼此间差距很大。族群之间如此，有的族群内部也存在许多差异。这使得西南地区各族群的社会经济文化类型繁多，政治制度与社会组织也呈现出多样化的特征。

第一节　西南地区各族群传统经济文化类型

自然地理环境是人类社会赖以生存的空间，离开自然地理环境谈社会发展明显是空谈。然而，自然地理环境只包括各种自然条件与自然资源，而没有包含人类对自然的适应与改造活动，有其局限之处。因此，在本书中，我们用“生态环境”来代替“地理环境”，作为西南地区各族群社会生活的基础。

一、生态环境与经济文化类型

生态环境会直接影响生活于其中的人群的生产生活方式，从而产生不同的经济文化类型，并作用于人类社会的发展。生态环境与生产技术相结合，会产生不同的生计模式。生计模式反映人类适应与改造自然的能力，也反映了自然地理环境为人类社会经济文化发展提供的可能性，对人类社会的发展起着非常重要的作用。生态经济文化类型理论认为，各个族群的自然地理环境和经济发展水平在很大程度上决定着其物质文化特征，这就使得生活在相似自然地理环境中的经济发展程度相近的族群，有可能具有相似的生计模式与物质文化特征，从而形成相同的经济文化类型。但是，生态经济文化类型理论强调生产力水平与物质文化条件，而对精神文化方面的重视不够。

本书区分经济文化类型的依据，是在各个族群中占主导地位的生计模式（采集、渔猎、畜牧、农耕等）、生活方式（流动、半流动、定居）以及其他物质文化因素。

二、西南地区各族群传统经济文化类型

由于地理环境的多样性，西南地区各族群的生计模式也具有多样性，但归纳起来主要有三种基本类型：一是游牧经济，如西藏北部高原与川西草地的藏族；二是刀耕火种农业经济，如滇西南弧形地带的傈僳、苗、瑶诸族；三是水田稻作农业经济，如壮侗语族各族。在这三种基本类型之间，还存在一些过渡性的生计模式，比如有的族群处于从采集、渔猎经济向刀耕火种农业经济过渡期，有的族群处于刀耕火种农业经济向锄耕农业经济过渡期，有的族群处于锄耕农业经济向犁耕农业经济过渡期。在现实生活中，西南地区各族群很少有处于单一生计模式的，大多以某一生计模式为主，兼有其他生计模式，比如藏区珞巴族的狩猎游牧型、凉山彝族的山地耕牧型、景颇族的水田兼山地农业型、苗族的山地耕猎型，等等。

1. 游牧经济类型

西藏西部和北部的高原区以及川西、滇东北的高山草地，世代居住着氐羌族系的藏族。他们在高寒、缺氧的恶劣环境中，发展出一个独特的经济文化类型，即高原/高山游牧经济。高、寒是青藏高原自然环境的主要特点。在这种生态环境中，牧业在生产活动中占有很大的比重。在青藏高原的土地总面积中，草场占64%，林地占5.65%，耕地只占0.35%，其他可用或不可用的土地占30%。青藏高原的草场以高寒草甸和高寒草原两大类型

为主。

不管是以草甸草场为主，还是以草原草场为主，青藏高原牧场面积季节间的分布都不平衡，夏季牧场面积远大于冬季，其比例约为1∶0.59。由于冬季牧场的热量和水分条件相对较好，单位面积产草量要比夏季牧场高。夏、冬牧场的总产草量比较接近，比例约为1∶0.95。不过，由于夏、冬两季的放牧时间差异较大，比例约为3∶2，因此，夏季牧场和冬季牧场实际载畜能力相差很大，比例约为1∶0.68。另外，由于藏区牧草较为低矮，不宜作为打草场，难以储草越冬，牧民为保护冬季草场，以便牲畜顺利过冬，在长期的生产实践中形成了按季转场的放牧方式。

青藏高原地势起伏较大，牧草的返青期和生长期呈现垂直变化的特点。一般情况是，海拔高的山体中，高海拔草场为夏季牧场；海拔较低的山麓、河谷、山间盆地为冬季牧场，山体中间部分的山坡则用作春、秋季节的过渡牧场。藏族牧民随着气候的变化，赶着牲畜在各个牧区之间转移。

这种按照季节转场的制度和随着冷暖变化而调节草场的放牧习惯，构成了藏族牧区的高原游牧经济文化类型。“逐水草而居”是游牧经济的一大特点，水与草决定着人们的驻牧地点和流动方向。当然，如何转场放牧，与具体的人口规模、政治制度以及传统习惯等社会文化相关。

2.刀耕火种农业经济类型

在西南地区，一部分居住在山地的族群，历史上长期处于刀耕火种农业发展阶段，成为西南地区又一特有的社会经济形态。从地理范围来看，刀耕火种农业主要集中在今云南省的山地区域。从滇西的怒江峡谷，经临沧和思茅的西南部、西双版纳、红河，到文山州南部，这一横跨千里的弧形地带，被称为“滇西南刀耕火种带”。现在生活在这一弧形地带的族群，主要有氐羌族系的傈僳、怒、独龙、景颇、拉祜、基诺等族以及濮人族系的佤、布朗、德昂等族，另有部分苗、瑶族群。

何谓刀耕火种？就是在秋冬时节利用砍刀等工具把成片的草木砍倒、晾干，来年春天焚烧这些草木并把草木灰倒入土地，然后进行播种，利用草木灰与自然地力促进农作物的生长，最终收获粮食的一种耕种类型。同一土地上的刀耕火种农业不能持久进行，因为完全依靠地力来支撑作物的成长，肥力的补充仅仅来自开垦初期的草木灰，远远不能弥补地力的消耗，一般耕种两三年后，农作物的产量就会急剧下降，甚至收不抵种，无法继续耕种。耕种的人不得不另寻新的土地，进行新一轮的刀耕火种。因此，刀耕火种农业存在的前提条件是地广人稀，滇西南弧形地带刚好满足这一条件。

刀耕火种也意味着耕作方式的粗放，一般不追加施肥，也不中耕耘草，更没有平地农业的灌溉设施，即所谓"望天吃饭"。所以，农作物单位面积的产量低，也很不稳定，多数时间的收成都难以保证一家人的基本生活。在这样的情况下，那些刀耕火种的族群，几乎都要以采集、渔猎经济作为必要的生计补充。所以，在西南地区，刀耕火种农业总是和采集、渔猎伴生，相辅相成，成为部分族群主要的生计模式。

刀耕火种农业需要不时地换地耕种，流动性很强，被称为"游耕"。同样，采集、狩猎也具有极强的流动性。刀耕火种与采集、狩猎都要求人们不停地流动，以致居无常处，没有长期固定的村寨。所以，以刀耕火种农业为主要生计模式的族群，历史上大都经历过频繁的迁徙，而频繁的迁徙活动导致人们很难建立较为固定的地域关系。所以，这些群体在迁徙的过程中，往往以家族、氏族为单位进行集体流动，建立起为数众多的以父系或母系为主导的血缘关系群体。

刀耕火种农业需要群体协作劳动，砍伐大片森林不是单个家庭在短时间内能够做到的，而集体协作开垦出来的土地属于集体共有。相较之下，耕作更为简单，播种和收获都可以以家庭为单位进行。所以，刀耕火种农业社会的土地关系一般以"公有私耕"的形式出现。

3. 水田稻作农业经济类型

水田稻作农业是对栽培稻的耕种。栽培稻是由普通野生稻经过人工培育驯化并改变其遗传性状而来的。根据考古学的研究，大约公元前一万年，普通野生稻广泛生长于长江流域及华南地区，为生活在这些地区的人群提供了天然谷类食物。经过长期的采集实践，人们逐渐将野生稻驯化成功，开始进行人工栽培。长江中下游地区是中国稻作农业的起源地区之一。随着南蛮系诸族与百越系诸族逐渐向西南地区迁徙并定居，稻作农业也逐渐传入西南地区，成为西南地区各族群最主要的生计模式之一。

在西南地区，水田稻作农业可分为两大类。

一类是平地水田稻作农业。这种类型的重要特点是定居，人们以山间平地或坝子为中心，聚集成许多村落。平地水田稻作农业一般有较为良好的灌溉系统，除了极端天气，一般年份都能够保证水稻作物的正常生产。良好的自然生态环境，为自给自足的经济提供了条件，只要没有特别严重的天灾人祸，村落里的人群都基本能够维持最低的温饱。西双版纳的各个傣族寨子，即是平地水田稻作农业的典型代表。

另一类是山地、丘陵地带的梯田稻作农业。从事山地、丘陵梯田稻作农业的族群也处于定居的状态，一般是森林在上，村寨居中，梯田在下或中，山间水系贯穿其中。梯田农业一般依靠周围广袤的森林储水，形成“山有多高，水有多高”的水源体系。西南地区的梯田系统发挥着生态互补作用，如著名的云南元阳哈尼梯田，哈尼族发明了“木刻分水”和“水沟冲肥”的方法，利用发达的沟渠网络对水源进行合理的分配，也为梯田提供充足的养分。梯田能最大程度地防止水土流失，而森林—溪流—村寨—梯田的共生更是实现了人与自然环境的和谐相处，体现出结构合理、价值多样、自我调节的复合农业特征。

第二节　西南地区各族群传统政治制度与社会组织

社会制度是为了保证社会良性运行及人与社会协调发展而制定的社会行为规范体系，它由一组组相关的社会规范构成，在一定历史时期里具有相对的稳定性，也是相对持久的对社会关系的定型化。社会组织是人们为了追求某种特定目标、实现某种特定功能而有意识地建立起来的、有正式结构的次级群体。

中华人民共和国成立之前，西南地区的社会经济文化类型多样，结构复杂，与之相适应的族群政治制度与社会组织也呈现出多样化、复杂化的特点。非常幸运的是，我们今天对西南地区各族群的传统政治制度与社会组织进行研究，不仅有大量的汉文历史典籍较为详细而系统地记载了西南地区各族群的传统政治制度与社会组织的类型、结构、功能及历史变迁，还有较为丰富的当代人类学民族学田野调查资料，可供我们认识西南地区各族群传统政治制度及社会组织的共性与差异。

根据西南地区各族群传统政治制度与社会组织表现出来的特点，以及民族学、人类学、社会学学者多年来的研究成果，西南地区各族群的传统政治制度及社会组织大体上可以划分为原始民主型、血缘纽带型、中央王朝委任型等几大类。

一、原始民主型

与社会经济发展水平相适应，西南地区原始民主型政治制度与社会组织一般存在于社会经济不太发达的山地族群之中，其主要特点是村社的首领一般由公认的有威望、办事公正、熟悉本族习惯法的老人担任，职位不能世袭。在西南地区各族群的原始民主型政治制度与社会组织中，拉祜族的"底页"组织、苗族的"议榔制"、瑶族的"石牌制"、侗族的"峒款制"较有代表性。

（一）拉祜族"底页"组织

拉祜族主要分布在云南西部澜沧江两岸，有拉祜西和拉祜纳两个支系群体。在澜沧县的拉祜西中，中华人民共和国成立前普遍存在着一种拉祜语名为"底页"的社会组织。"底页"原先是一个母系氏族，由同出于一个始祖母的几代女系子孙组成，社会事务以女子为中心，实行母女连名制，实行"走访婚"制度。随着刀耕火种农业的发展，男子成为农业生产中必不可少的劳动力。于是，每个氏族都要争取吸收男子，促使"走访婚"向"从妻居"转化。男子"嫁到"别的氏族，与自己的主妻组成对偶家庭，拉祜语叫作"底谷"。"底谷"的出现，使古老的母系氏族发生了变化，每个"底页"都包含若干个"底谷"，若干个"底谷"共居在一所大房子里，血统仍然是按母系计算，财产由女儿继承。

农业生产在经济生活中比重的加大，势必要抬高男子在家庭中的地位，于是一部分人便不再"外嫁"到别的"底页"，还从其他"底页"中娶媳妇，过"从夫居"的生活。这样，家庭中的血统关系复杂起来，既有母亲、女儿、女婿、外孙这一系统，也有父亲、儿子、媳妇、孙子这一系统。前者的血统按母系计算，后者的血统按父系计算，从而形成兼有母系和父系的双系家庭。在糯福的拉祜西中，双系家庭相当普遍，并以此构成社会的基础。在同一"底页”之内,“从妻居”和“从夫居”并存,母系血统与父系血统互相交错,显示出由母系向父系过渡的演变过程。

(二)大瑶山瑶族石牌制

大瑶山位于广西中部偏东北的桂江与柳江之间,现由金秀瑶族自治县管辖。中华人民共和国成立以前,大瑶山瑶族内部社会经济发展不平衡:茶山瑶、花蓝瑶、坳瑶已进入犁耕农业阶段,而盘瑶和山子瑶尚处于刀耕火种农业阶段。各支系间因土地占有状况不同,彼此结成“山主”与“山丁”的租佃关系,主要是茶山瑶、花蓝瑶和坳瑶将土地租给盘瑶和山子瑶。两种不同类型的经济在大瑶山并存,生产方式却完全不同,一部分“耕田有邑聚”,另一部分则“赶山吃饭”。这种情况,在石牌制度中得到了充分反映。

什么是“石牌”?石牌制度其实是一种社会控制手段,它把若干规定铭刻在石碑上,意在表示其坚若磐石,牢不可破,不能轻易触犯。不过,作为一种社会制度,石牌并不单指具体的条文,主要还是指以石牌为核心建立起来的石牌组织,再由石牌组织产生石牌头人,以及制定和讨论石牌的石牌会议。大瑶山的石牌具有特定的社会功能,即法规、盟约和告示功能。首先,石牌律是一种习惯法,内容无所不包,从生产生活习俗到禁忌信仰,从道理到刑律,都在其中;其次,石牌在某些特定场合具有盟约的性质;最后,有些特殊的石牌既不是大家共商的法规,也不是相互结下的盟约,而是某些“长官”利用石碑的传统形式发布的告示。

大瑶山的石牌制度,通过一套民主程序来决定,体现大多数人的意志,这一过程称为“会石牌”。条文一经通过便成定案,立石盟誓,喝鸡血酒,杀猪宰羊以为庆贺。成文后的石牌律是神圣不可侵犯的,对族内任何人都一视同仁,具有无可比拟的权威性,无论普通族众还是当权头人都不能轻易触犯,故有“石牌大过天”的说法。依据石牌律,判案的程序有三:一是请头人调解,二是“起石牌”,三是神明裁判。

石牌律的制定或执行,由石牌组织完成。石牌组织是大瑶山特有的一种社会组织,它有如下特征:第一,石牌组织可以说是一种权力机构,但又与国家政权不同;第二,石牌组织既是行政组织,同时也是军事组织;第三,地域关系是石牌组织的基础,但血缘关系也占据一定的地位;第四,石牌组织可以临时组合,也可以是永久性联盟;第五,大小石牌组织各自独立,但在某种场合下又互相制约。石牌组织的这些特征，反映出石牌组织的性质、职能、结构、范围和相互关系，是大瑶山瑶族社会经济发展的直接反映。

历史上，大瑶山区域一直是由“石牌”统治的世界，存在着许多石牌组织，范围有大有小：有的是两三个村寨联合的“小石牌”；有的范围较大，是包括一两个支系的“大石牌”；还有包括大瑶山绝大部分地区、几个支系联合的“总石牌”，如“三十六瑶七十二村大石牌”。

（三）雷公山苗族议榔制

黔东南的雷公山区是苗家腹地，一直以来都有很强的自治性，在雍正改土归流以前，既无土司管辖，亦无中央朝廷统治，基本由村寨实行“风俗统治”，有自己的特殊社会组织“鼓社”。“鼓社”是构成黔东南苗族社会的基本细胞，共同供奉一个象征祖先神灵木鼓的村寨就是一个鼓社。鼓社最重要的活动是杀牛祭鼓，苗语称为“努略”“努姜略”或“努哈好汉”，意即“祭鼓”“祭木鼓”或“祭鼓吃牛”，旧时汉语称之为“吃鼓脏”或“吃牯脏”。

祭鼓活动十分隆重，周期为三年、五年或九年、十三年不等，以十三年一度的大典最为隆重。祭鼓有严密的组织，这种社会组织是血缘性的。鼓社的头人称为大鼓头，鼓头每届必换，一般不连任，更不能世袭。鼓头由各村轮流担任，通过选举产生。鼓社是父系氏族长期发展的结果，它以父权制为特征，主要表现在苗姓和父子连名两个方面。鼓社作为苗族社会一种古老的社会组织，已经存在了许多世纪。当黔东南苗族地区进入阶级社会后，鼓社通过祭祖活动和通婚关系体现它的存在，并与“议榔”“讲方”结合，以发挥它的社会功能。

为了维持地方秩序，保卫共同利益，防止外来侵犯，各个鼓社都通过民主方式制定地方性法规，称为“榔规”或“榔约”。榔规的内容，既有自古以来习以为常的法规，也加入了若干保护现成制度的条款。这些榔规是大众公认的，神圣不可侵犯，为了表示慎重，通常以“埋石为盟”的方式出现，谓为“栽岩”或“埋岩”。

议定榔款和执行榔规都由“议榔”组织完成，苗语叫作“构榔”。这种地区性的联合组织，有的地方叫“栽岩会议”或“埋岩会议”，有的地方叫“构榔会议”或“勾住”，规模大小视联合的范围而定，小的仅一个村寨，大的可包括数十村寨及若干鼓社。“议榔”组织有大小款首，有负责管理行政事务的榔头，有军事首领“硬手”和“老虎汉”，有主持司法的“行头”“理老”，还有“祭司”和“活路头”。榔头、款首及军事首领一般通过选举产生，其余的均为自然形成。“议榔”的最高权力机构是议榔大会，主要任务是制定榔规，选举榔头、款首，商讨大家共同关心的重大问题，具有原始民主的特征。

（四）侗族峒款制

侗族分布在湘黔桂毗连地区及鄂西一带，主要聚居在湘黔边境，尤以黔东南苗族侗族自治州最为密集。历史上，黎平、从江、榕江等县的侗族盛行峒款制度，其特点就是将溪峒、村社、合款、鼓楼融合在一起。农村公社都是峒款制度的核心，它是溪峒与合款两者相连的重要结合点。相邻村社结合为峒，小峒联合为大峒，溪峒内部及溪峒之间的联系，主要是通过“合款”的方式来实现。侗族村社也是合款的基本点，以村社为中心，逐步扩大，形成“小款”“大款”。合款亦称门款，有歃血为盟、立约为誓之意。

合款组织是村寨联盟的一种形式，它既是自治组织，又是自卫组织。这种自治和自卫的联合，都建立在族众集体意志的基础上。为此，侗族社会制定了大家都认同、必须共同遵守的条款，这就是款约。最早的款约是以习惯法的形式出现的，内容涉及社会生活的各个方面，包括传统的风俗习惯、道德规范、信仰禁忌等。随着社会的发展，情况日益繁杂，许多内容是古老的习惯法所不能包容的，仅仅依靠习惯法很难维持社会秩序，因此，制定适应社会发展的款约成为必然。这种款约不再是传统的习惯法，而是一种经过公议的成文法，经过一定的立法程序合法地增加，并通过杀牛盟誓而成为法律条例，刻在石上。清代中央王朝势力进入溪峒地区后，流官政府往往借用这种大家能接受的形式颁布政府法令和公告，在侗区强制推行。

“款”与“约”结合，既有组织，又有法规，二者相辅相成，使溪峒地区成为一个自治、自卫能力极强的小社会。在侗族社会，峒款具有习俗控制、道德控制、法律控制以及防卫御侮的功能。

侗族合款具有四个鲜明的特征，即区域性、民众性、自发性和权威性。无论大款、小款，都局限在一定区域，离开这一区域则没有任何效力。在合款区域，寨老、款首都是民众推选的，一般没有什么特权；款约是大家议定的，任何人都不得违犯；条款明明白白刻于石上，决不容许营私舞弊。在这里，长官意志是有限的，个人的权力始终受民众意志的制约。村寨之间的联合完全是一种自发的行动，可大可小，可长可短，可以加入也可以退出，一切都因时因事而异，其结合必须以某种共同的利益为基础，并通过会议进行协商，最后达成协议。在合款的范围内，合款组织就是最高的权力机关，款约就是最高的法律，款首就是最高首领，总之，合款是区域的自治，是民众的自治，是联合的自治。

二、血缘纽带型

在历史时期的西南地区，血缘纽带型政治制度与社会组织在很多族群中占据着支配地位。

（一）景颇族山官制度

明末清初，景颇族大量迁徙到今云南德宏及缅甸北部地区，形成了独特的以山官为首的社会政治制度。明朝永乐年间，一些景颇族山官正式受封于中原中央王朝。至清代，景颇族山官不断自愿归附中央王朝。

长期以来，景颇族社会中形成了一整套习惯法，景颇语称之为"贡萨拉"，汉译即为"阿公阿祖传下的做人的道理"。这套习惯法将整个社会中的人划分为官种、百姓和奴隶三个等级，依据主要是血统。在景颇族社会中，山官必须由贵族出身的木日、勒佗、勒排、恩孔、木然等姓担任。贵族官种一般实行等级内婚制，不与普通百姓通婚。山官对外代表辖区，对内是最高统治者，有委派和撤换村寨头人及收取百姓贡赋的特权。山官负有接待官员、保护百姓并为群众调解纠纷等职责。各山官辖区之间通常以山岭、河沟、道路、山谷为界，每个辖区有一至几十个村寨。每个山官在自己的辖区内独立行政，不受其他山官干涉，但在某些重大问题上，大山官对小山官有一定的号召力。据20世纪50年代初期的调查，当时德宏地区的景颇族山官有440多个，其中木然、勒排、恩孔三姓居多。中华人民共和国成立后，德宏山官制度被彻底废除，但一些习惯性的规矩还保留至今。

（二）凉山彝族家支制度

在历史时期，凉山彝族社会的一个显著特征就是严格的等级划分和普遍的人身依附。人们被划分为兹莫、诺合、曲诺、阿加和呷西五个等级。兹莫，意为"权力"，汉语称为"土司""土目"或"土舍"，仅存在于凉山少数地区，约占总人口的0.1%。诺合,汉语称为“黑彝”,约占总人口的6.9%。曲诺,汉语称为“白彝”,约占总人口的50%。阿加是“阿图阿加”的简称,汉语称为“安家娃子”,约占总人口的33%。呷西是“呷西呷洛”的简称,汉语称为“锅庄娃子”,约占总人口的10%。其中,曲诺、阿加和呷西都是“娃子”,而兹莫、诺合则是“主子”。主子和娃子之间,阶级泾渭分明,尊卑判然,互不通婚。等级划分下的凉山彝族社会体现出强烈的人身依附,自上而下存在着重重叠叠的人身占有和隶属关系。

家支制度是凉山彝族社会的一大特征,普遍存在于大、小梁山彝族各部,包括黑彝家支和白彝家支。家支是“家”和“支”的总称。同一男性祖先的后裔繁衍为若干“家”,彝语叫“楚西”;“家”之下又分为若干宗支,彝语叫“比杰”;“支”下有若干个家庭,彝语叫“楚布”。由家、支、户组成的父系血缘集团,就是“家支”。彝族家支以血缘为纽带,以父权为特征,以父子连名续谱系,以共同祖先为旗帜,以嫡长子继承制为核心,并实行“等级内婚,家支外婚”。同一家支的人,有继承绝业的权利和互相援助、保护的义务。家支头人“德古”和“苏易”都是自然形成的首领,由精通习惯法、善于调解纠纷、精明强干、勇敢善战的人充任,他们是习惯法的执行者、各种纠纷的仲裁人和冤家械斗的指挥者。家支间的重大事件通过会议协商解决。

家支起源于父系氏族,原本只是一种社会组织而不是政权组织,但进入阶级社会以后,由于阶级利益、家族利益以及族群利益的驱使,家支的性质发生了变化。在与周边族群的斗争中,它是团结彝族各家支的纽带,各个家支团结一致,共同对外。在阶级斗争中,它是进行阶级压迫的工具,是保证诺合统治其他等级的工具。

三、中央王朝委任型

到元、明、清时期,西南地区基本被纳入中原中央王朝的统治之下,但是中央王朝在西南大多数地区并没有进行直接统治,而是在保留各个族群的传统政治制度与社会组织的基础上,委任各个族群的上层人物对各自区域进行治理,比如在藏区推行的政教合一制度以及在西南地区大面积推行的土司制度。

（一）藏区的政教合一制

藏区传统宗教为苯教，崇拜自然神，尚巫术。公元8世纪，赤松德赞执政时，密宗大师莲花生入藏弘法，把苯教的神祇统统纳入佛教，使佛教逐渐地方化，并用佛教缜密的哲理取代了苯教教义，从而产生了藏传佛教。从10世纪末开始，西藏的封建领主制逐渐形成，产生了许多割据政权。这些割据政权都希望以宗教来证明自己存在的合法性，纷纷支持佛教。两三个世纪之间，藏传佛教得到很大发展，形成前期四大教派：宁玛派、萨迦派、噶举派和噶当派。14世纪，宗喀巴·洛桑扎巴提出宗教改革，创立了格鲁派，俗称黄教。五世达赖喇嘛洛桑嘉措建立政权以后，黄教在西藏广为传播，成为最大的教派。

藏传佛教的最大特点是与政治结合紧密。在西藏几乎全民信教的情况下，历代政府都大力扶持宗教，以教固政，以政护教，两相结合而不可分割。西藏政教合一的主要表现有：第一，达赖喇嘛既是宗教首领，又是西藏地方政府首脑，集神权、政权于一身；二，地方政府机构中兼用僧官、俗官，如噶厦设有噶伦四人，三俗一僧；三，寺庙掌握了相当一部分地方，有独立的行政、司法权力，并拥有大批庄园和牧场。政教合一是藏传佛教得以昌盛的重要原因，它利用政权的力量推行宗教，同时又利用宗教统治人民。

藏区政教合一的政权组织，导致了三大领主的形成，即官府、寺院和贵族。三大领主的人数极少，大约只占西藏总人口数的2%，连同他们的代理人，也只约占5%。他们占有西藏的全部耕地和牧场，统治着所有的人民，并拥有大量牲畜和财产。

（二）西南地区各族群的土司制度

从元朝开始，中原中央王朝为加强对西南地区各族的统治，一方面在西南地区建立行省机构，同时又根据各族的实际情况，推行有别于内地政治制度的土司制度。

土司制度是一种地方政治制度，是中原中央王朝在边疆多民族聚居区和杂居地带实行的一种有别于内地郡县制的特殊的统治制度。在这种制度中，中央王朝对承认其统治的各族或部落酋长（首领）封以官爵名号，并让其世袭统治原有土地与人民，中央王朝只对土司区域进行间接统治。各族首领必须在政治上承认中央王朝的统治，承认其管辖的区域是中央王朝统治下的一部分，并听从中央王朝的征调，按期缴纳一定的贡赋，即“皆因其俗，使之附辑诸蛮，谨守疆土，修职贡，供征调，无相携贰。有相仇者，疏上听命于天子”①。

土司制度大致可分为三个时期：建立初期（元代）、发展与完善时期（明代）、衰落时期（清代）。元朝在总结汉、唐、宋各朝统治南方各族的羁縻制度的基础上，创立土官制度，由各族上层人士管理其辖下的地区与人民。土官制度首先在云南地区实行，后逐渐推广到整个南方民族地区。明代承袭元朝治理南方民族地区旧制，并在土官的设立、任用、管理等方面设置了一整套制度，使之发展为成熟的土司制度。明朝是土司制度的极盛时期，内容包括：规定实行土司制度的区域；规定土司的类别（武职、文职两大类）；规定土司的官衔（类比内地官员职级）；规定土司的信物与俸禄；规定土司的义务——朝贡、纳税以及土兵的征调；规定土司承袭制度；规定土司的升迁与惩罚；等等。

清袭明制，归附的土司皆授原官原职，西南地区各族群的土司制度得以保留。康熙年间，三藩之乱被平定后，依附于吴三桂的土司遭到裁减。到雍正、乾隆年间，中央政府开始对土司区域进行大规模的改土归流。在改流过程中，教化与武力并行，西南地区规模较大的土司大多被裁革，以前从未纳入中央王朝管理的湘黔“生苗区”，也被开辟成中央王朝新的疆域。至此，土司制度逐渐衰落，但是在康藏以及云南边地，仍然有部分势力较小的土司被保留下来，一直存续到中华人民共和国成立时。

土司制度作为元、明、清三朝治理西南民族地区的一种地方性政治制度，产生了很大的影响：维护了地方社会的稳定，巩固了祖国的统一；促进了南方各民族社会经济的发展；有利于各族传统文化的发展；等等。同时，土司制度也有一定的弊端，比如各自为政且高度独立的土司政权在一定程度上阻碍了西南民族地区内地化的进程；各个土司之间或土司内部经常产生各类纷争，严重阻碍了当地社会经济的发展；一些边地土司甚至为了私利与国外势力勾结，给地方与国家造成程度不一的损失；等等。

在长期的历史发展进程中，西南地区各族群因地制宜，发展出不同的生

① 张廷玉.明史.北京：中华书局，1974.

计模式，并发展出与经济基础相适应的各类政治制度与社会组织，形成丰富多彩、各具特色的传统文化模式，值得我们进行深入的探讨。

【参考文献】

[1]宋蜀华，陈克进. 中国民族概论. 北京：中央民族大学出版社，2001.

[2]林耀华. 民族学通论. 北京：中央民族大学出版社，1990 年.

[3]胡绍华. 中国南方民族发展史. 北京：中央民族大学出版社，2004.

[4]史继中. 西南民族社会形态与经济文化类型. 昆明：云南教育出版社，1997.

[5]伍新福，龙伯亚. 苗族史. 成都：四川民族出版社，1992.

[6]《侗族简史》编写组. 侗族简史. 贵阳：贵州民族出版社，1985.

[7]何琼. 西部少数民族文化概论. 北京：民族出版社，2009.

【思考题】

1. 西南地区各族群的经济文化类型主要有哪些？

2. 西南地区各族群政治制度与社会组织大体上有哪些？

3. 中原中央王朝采取何种方式来对西南地区各族群进行治理？

第二章　西南地区各族群的饮食文化

俗语说："民以食为天。"饮食是人类日常生活的重要组成部分，不但为人类提供了赖以生存的物质基础，也反映出人与自然的关系。吃什么、如何吃以及为什么要这样吃？这些内容构成了人类社会物质生活和精神生活的基础，"起着几乎不可改变的结构的作用"。[①] 这三点也构成了饮食文化的主要内容。

同时，人类学的饮食文化研究也关注饮食背后体现的社会关系和文化意义。当吃什么、如何吃、为什么吃的差别出现在不同族群之间的时候，饮食的族群性就显现出来了，饮食也就具有了族群文化方面的内容。[②] 西南地区地理环境的多样性、族群的多样性以及族群社会发展阶段的差异性，带来了饮食文化的多样性。许多西南族群都有自己独特的食品和饮食方式，体现出不同的族群认同。

第一节　饮食的起源及文化意义

原始人类的饮食，是从采集野生植物和猎取动物开始。当时主要是出于生理上的本能需求，还远远谈不上文化问题。只有当人类对植物和动物的采集、猎获和食用脱离了自然环境的限制、脱离了消化能力的局限之后，主要是出于精神的满足而进行选择，以及对采集猎获的动植物进行不断的加工，人类的饮食才真正进入文化领域。学界普遍认为，饮食文化产生于人

① 郭于华.关于"吃"的文化人类学思考.民间文化论坛，2006（5）.

② 何琼.西部少数民族文化概论.北京：民族出版社，2009.

类用火烹调食物的那一刻,其标志就是火的使用和炊具、餐具的出现。也可以说,饮食文化起源于利用火来烧烤食物,懂得食用熟食。生活在距今 70 万年至 20 万年以前的北京人已能够使用火,距今约 3 万年的山顶洞人已懂得人工取火。

饮食是人类社会得以生存与繁衍的基础,具有深厚的文化意义,其主要内容包含吃什么、怎样吃、为什么吃以及为什么这样吃等问题。

吃什么,主要由人群所居住的自然生态环境来决定。比如中国南方产水稻,主食便是米饭;中国北方产麦类,主食便是以面食居多;等等。但是,随着社会交通的发展,"吃什么"可以通过不同区域的物资交换而发生改变。同时,分布在同一地域的不同族群,因为各种原因,对某种动植物能不能吃或者怎样吃,往往有不同的态度。

怎样吃,是许多人类学民族志中详加叙述的内容,主要涉及食物制作和烹饪技术,也涉及吃之前和吃之后的礼仪活动。经过"吃什么"的选择之后到"怎样吃",生吃或熟吃,添加什么作料,用什么餐具等,使吃增加了文化内涵,成为某种文化的标志。如筷子和刀叉,一般被看作东西方饮食文化在工具方面的主要区别之一。随着时代的变迁,饮食礼仪也不断地变化。在对礼仪进行增删递变的过程中,人们不断生产和再生产着本族群的饮食文化,使社会关系得以建立和维系,社会地位得以调整和确立,社会整合及区域团结得以巩固,在建构和强化族群认同、社会集体记忆、宗教信仰等方面发挥出积极的作用。

为什么吃,也是饮食文化中很重要的一个方面。现在大多数人都知道,饮食是为了满足人类生存与发展的生理需要,同时,饮食也是满足人们劳作之后补充精力和营养的需要。但是古时候人类还未具备营养科学等方面的知识,因而许多场合的饮食就不仅仅是为了满足生理上的需要,而且涉及族群文化和观念。比如某些族群有特别嗜好或严格禁忌的食物,很难找到营养学上的理由,通常认为这就是这个族群特定的文化习俗。

第二节　西南地区各族群饮食的物质基础

西南地区自然生态的构成极为丰富，并以多地形、多气候、多物产和立体多样、纵横分割为其主要的特点。特别是立体多样、纵横分割的地貌，不仅使西南地区山谷交错、溪流纵横、山地绵延，还形成了热带、亚热带、温带、寒带等立体式气候和常绿阔叶林、常绿阔叶落叶混交林、高山针叶林、高山草甸等立体式植被，容纳了许多物种，为居住在这一区域内的人们提供了一个天然的食库。

一、西南地区各族群的食物来源

（一）动物类食品

近半个世纪以来，西南地区的考古发掘中发现了大量的动物遗骸及化石，说明西南地区古时的地理环境非常适合动物的生存与繁衍。如云南旧石器时代的考古发掘中，与人类相伴生的哺乳动物群就有剑齿象、豪猪、野猪、虎、鹿、马等 100 多种。贵州普定穿洞遗址出土了鹿、牛、羊、竹鼠、豪猪、獾、虎、豹、狐狸、猕猴等 10 余种动物的大量化石，计 1 万多件。耿德明先生通过对保山、施甸一带旧石器时代晚期遗存进行研究，认为这一地区的动物种类繁多，分布广泛，其中剑齿象、水牛、水鹿等是动物群的典型代表。在已出土的 44 种动物化石中，有 32 种栖居于高、中、低山地或丘陵及多岩地带的森林中；有 15 种栖居于灌丛草地；有 9 种动物的生活与竹林密切相关。全水栖动物有鱼、蚌、螺等 5 种，半水栖动物有水獭等，近水居动物有虎、犀、棕熊、蜗牛等。

丰富的动物食库，不仅为人们提供了狩猎和捕捞的动物性食物，还为养殖业提供了选择驯养良种的优越条件。到了旧石器时代晚期和新石器时代初期，人们在捕猎野生动物的过程中，逐渐学会了驯化和家养动物。有学者结合考古资料与文献材料，对云南新石器时代的家畜进行详细研究后认为，新石器时代，狗、猪、黄牛、马、鸡是人们饲养的对象，羊、猫也可能是人类饲养的种类。石器时代的考古发掘与研究成果表明，史前时期，西南地区大量的动物种群已成为人们狩猎和饲养的对象,是饮食中重要的肉食来源。

(二)植物类食品

人类是杂食性动物,除了捕猎各种飞禽走兽、甲虫鱼虾为食外,还和其他动物一样,采撷大量的野菜、野果以及各种菌类为食。在西南地区古代的生态环境中,立体式的气候造就了立体式的植被和物产,为人们的采集生活提供了大量的食源。"茹草饮水,取草木之实",主要是从自然生态系统中直接攫取能量,对自然植被有着很强的依赖性。史前时期,可供人们采集的食物种类是非常丰富的。随着人类经济活动能力的增强、人口的增长以及气候条件的变化,富饶的自然资源逐渐亏损,一些物种的分布范围不断缩小,人们的自然饮食资源也日趋减少。但是,许多作物种群有效地进入人工控制系列,成为人们稳定的食物来源,弥补了自然饮食资源的不足。

在20世纪50年代以前,西南地区许多族群仍较大程度地依靠大自然的恩赐,过着以采集和狩猎为主的生活。如金平一带的苦聪人有半年以上靠野果度日,他们吃的野生植物主要有斑茅草芽、猴头果、藤篾果、苦竹笋、挪挪果、木瓜果、山药等上百种。独龙族在遮天蔽日的大森林里采集竹叶菜、大百合、葛根、野山药、野芋、茅栗、野蒜、竹笋等块根和野菜。耿马的傣族采集野笋、鸡爪菜、小蕨菜等野生植物。基诺族在缺粮时常采食的野果有苦刺果、多依果、格里罗果、橄榄、羊奶果、毛荔枝等,块根植物有山药等,野菜主要有牛耳朵菜、水芹菜、节节菜、酸养、水香菜、鱼腥草、木耳、牛肝菌等。

动物和植物两大类型食物储存于西南地区天然食库中,构成西南地区各族群饮食的物质基础,为生活在这一区域内的人们提供了大量的碳水化合物、脂肪、蛋白质、矿物质(钙、盐、铁)、维生素、水和微量元素。随着火的使用,种植业、养殖业的出现,制陶业以及青铜用具的产生,人们的饮食发展到有意识地注重智力和体力获得的调制饮食阶段。当然,无论是自然饮食还是调制饮食,都有其最原始的天然食库。

二、西南地区各族群的进食方式

有了天然的食材,就涉及人们怎么处理这些食材,即怎么吃以及以何种方式进食的问题。从古至今,人类饮食方式主要有两大类别,即生食与熟食。

（一）生食

人类使用火以前，有一个漫长的生食阶段。即使在文化高度发达的今天，许多族群还保存着这种生食的习惯，如北美和欧亚北部地区的楚克奇人、克里亚克人、恩加纳桑人等现在还有生食鱼肉的习惯；俄罗斯人和日本人十分喜爱吃生鱼片和生腌小青鱼；我国的赫哲族爱吃生鱼片；等等。

生食作为一种传承性较强的食俗，在当代西南地区的彝族、壮族、基诺族、布朗族、侗族、傣族、白族中仍然较为普遍。如侗族常把鱼杀死后，取出内脏，刮去鳞片，把肉切成薄片，放入醋水浸泡半小时或者干脆用肉片蘸酸辣椒而食。西双版纳等地的布朗族，把新鲜的鱼肉和牛肉切成片，再混合在一起剁成酱，然后拌上各种作料，制成生肉酱。彝族过年祭祖时，一律用生肉献祭，待初三祖先离家后，才把此生肉煮熟食用。另外，彝族有一种“砸肉饽”的食法，有学者研究认为，这是彝族在学会用火以前处理生肉的一种方法，即把所猎得的兽肉放在石块上，然后用石头猛砸，使其发热除去腥臭。现在一些地区的彝族仍然喜欢把煮熟的牛肉放在碓中舂烂后捏成肉饽而食。基诺族每逢过年过节或喜庆盛会时，用生肉末拌上盐巴、辣椒、姜末、薄荷、韭菜等作料，用手捏匀，直到把肉捏成颜色像熟的一样才进食。白族的“生皮”是将猪肉、猪肝等切成薄片，拌以辣椒、花椒、葱、姜、蒜而食。壮族把活鲤鱼去掉鳞片及内脏，切成薄片，然后放入适量的熟油、盐、酒、醋、青椒、姜、葱、蒜等，搅拌均匀，密封半小时后打开食用。

上面所列举的多为肉类食品的生食情况。另外，西南地区生食品种还有蔬菜类和野果类。在蔬菜瓜果中，黄瓜、莴笋、萝卜、西红柿、葱、水蕨菜、香菜、莲花白心、茴香尖、薄荷、鱼腥草、苦瓜、豌豆尖、水香菜、刺五加嫩茎叶、芫荽、春芽等均可洗净生食；而几乎所有的果子都可生食。这样一来，吃生肉和生食野果、蔬菜成为一种重要的饮食现象。

（二）熟食

人工取火拓展了人们生存的空间和领域，为烹调树立了第一块丰碑。熟食是人类的一大进步，不仅使食物更加可口，而且易于消化，更适合营养的吸收，大大有利于人类各种器官的进化，特别是人脑的发展。熟食的方法很多，最原始的方法是烧和烤（煨），如把可食用的种子、植物根茎或小动物直接放在火上烧，或埋在炭火里煨，或者放在烧烫的石板上烤。米、麦、豆类食物最初也是烤着吃，后来才将其做成饼状。利用石板烤食物是较早的发明。《礼记·礼运》:“其燔黍捭豚。”郑玄注:“中古未有釜甑，释米捋肉，加于烧石之上而食之耳，今北狄犹然。”我国独龙族、纳西族地区，过去有一种圆盘形的石板，用时架在火塘上，称为“石锅”。许多游猎族群则更为简单，他们把面团直接埋在热炭中煨熟后吃；猎获野兽时，除去头和四肢，挖去内脏，然后将烧红的石块填入腹腔，再将它埋入火坑内。烤肉串也是很古老的一种熟食方法。

我国的仰韶文化、龙山文化和欧洲的特里波列文化中都有火坑的遗迹。在地面上用若干块石头搭成炉灶的火塘，在世界各地也可见。我国云南的景颇族、佤族、德昂族等族群直到近代还在使用。火塘后来发展成砖砌炉灶。由于不同的文化影响，各地的炉灶式样也各不相同。

（三）熟食的制作方式

西南地区各族群的烹饪技术较为繁杂，最常见的有煮、蒸、炸、蘸、烤、烧、烘、舂、腌、炒、煎等做法，其中烧、烤、煮、舂、蘸最有特色。

(1)烧，即将食物放入火中烧。如傣族的灰捂鱼，就是将洗好的鱼抹上盐、辣椒等作料，用芭蕉叶裹紧埋入灶灰，1 小时左右便取出，除去烧焦的芭蕉叶后食用。布朗族将捕获的麂子、竹鼠、斑鸠等的肉剁碎，拌上作料，也用以上做法，其味鲜美无比。

(2)烤，即将食物用竹、木棍串起，抹上作料，在火上烘烤。如维吾尔族的烤羊肉串，维吾尔语称之为“喀瓦甫”，是维吾尔族的一种传统小吃。其做法是:把肉切成小薄片，用特制的签子穿上，放在烤肉槽上烤，然后撒上辣面、精盐和孜然，数分钟即成，其色焦黄、油亮，味微辣，不腻不膻。侗族的火烤鱼做法是:将鱼洗净，拌上盐、辣椒、蒜、姜等作料，用竹签串起置于铁架上烘烤。肉、内脏等也可如此烘烤，骨酥肉黄时最宜，食之香味浓郁，回味无穷。拉祜族民间也有“逢年吃烤肉，过着也舒心”之说。

(3)煮。煮食法的出现比烧、烤晚得多。在陶器出现以前，人们已经在天然的温泉中泡煮食物，但这种方法在个别地方才有，不普及。最盛行的原始煮食方法是石烹法，即先将食物放入铺有动物毛皮的土坑里，再往里面倒水，投掷烧红的石块。也有将烧红的石块放进水桶里或不漏水的器皿中泡煮的。还有用竹筒煮饭的，陈鼎《滇游记》记载："腾越铁少，土人以毛竹截断，实米其中，炽火畏之，竹焦而饭熟，甚香美，称为竹釜。"这种竹釜在我国云贵、两广一带至今犹存。当人类掌握了制陶技术后，陶器就成了主要的炊煮工具。制陶是原始社会时期一大发明，有了陶器人类才能把各类食物煮成适合胃口的食品。用作炊具的陶器多为夹砂陶，因为它有耐火烧、传热快和不易破裂等优点。我国河南裴李岗文化、仰韶文化和浙江河姆渡文化遗址都发现了大量炊具，有夹砂陶罐、陶釜、陶鼎等。

(4)舂，即把肉先切成小块，放在火上烘烤熟或在火里烧熟，再加上韭菜、薄荷、生姜、盐、蒜、香茅草、八角、辣椒等作料，置于木中，用杵捣碎而食，如傣族名菜"灰捂牛干巴丝"即是。

(5)蘸，即打蘸水。蘸水由辣椒、蒜、姜、芫荽等组成。傣族有一道菜叫"帕佐"，汉译为酸扒菜，即将青菜洗净，扭成节放入自制的酸水里熬煮。待熟透后，再放几个番茄，盛起来打蘸水吃。其味甚美，令人食欲大开。此外，白菜、扁豆、蚕豆等也可打蘸水吃。[①]

人们无论以何种方式来烹调食物，都是为了让食物更加可口。人类的祖先在烹调食物时，逐渐开始在食物中加入其他东西来对味道进行调节，最终形成酸、甜、苦、辣等各种味道的食物。开始时，有人以黏土、陶土、泥炭和石灰等来调味，有人则觅食野蜂蜜。据考证，人类在新石器时代就已食用家养蜂蜜。用盐可能要晚得多。最早，人们从植物的灰烬或咸水中获得盐分。《滇略·卷九》称："其境内莫蒙寨有河，汲其水浇炭火上炼之，即成细盐。"可见，把咸水泼在热炭上是早期制盐的一种方法。有的地方是从地下获得岩盐。盐是人体不可缺少的成分之一，缺盐或少盐，人就不能正常发育。所以，盐不仅能增进食欲，更重要的是促进了人体的发展。

煮好的食物还需要用工具进食。最初，人们没有专门用具，直接用手抓食。据民族学家推测，最早的食具可能是一把刀子。开始是石刀或贝壳刀，后来逐渐发展成用金属制作。古时候刀是一种万能工具，从旧石器时代早期起就已被世界各族人民所使用。[②]

① 何琼.西部少数民族文化概论.北京：民族出版社，2009.

② 林耀华.民族学通论.北京：中央民族大学出版社，1990.

第三节　西南地区各族群的多元饮食结构

由于地理环境、气候物产、政治经济、民族生活习俗和信仰的不同，西南地区各族群形成了丰富多彩的饮食文化。各种不同的食物，构成了主食与副食、生食与熟食、酸食与糯食、菜蔬与饮料相互搭配的多元饮食结构。各族群以其聪明才智，在果腹之余演绎出别具一格的饮食习俗，使饮食从简单地满足生理需要变成了更高层次的精神享受，为源远流长的饮食文化增添了异彩。

一、以五谷为主的主食

在西南地区各族群的社会生活中，能够持久向人们提供能量的作物莫过于以“五谷”为主的粮食作物。五谷生产是农业文明的主要内容，形成了农耕型消费生活模式。其中主要的是稻谷和麦子。

稻谷是我国南方传统作物，其种植历史悠久。考古工作者在云南元谋大墩子、宾川白羊村、滇池地区的新石器时代遗址和剑川海门铜石并用时代遗址中都发现了稻谷的遗迹。《山海经》记载：“西南黑水之间，有都广之野，后稷葬焉……爰有膏菽、膏稻、膏黍、膏稷，百谷自生，冬夏播琴。”《华阳国志》：“云南郡……土地有稻田。”朱孟震《西南夷风土记》亦载，云南“野生嘉禾，不待播种耕耘，而自黍实，夷人利之”。考古和文献的双重证据表明，稻谷在西南是一种重要的作物。关于稻谷起源地，国际学术界比较一致的意见是稻作起源于尼泊尔—阿萨姆—缅甸—云南—贵州这样一个狭长的生态区，而云南是其中心。现在傣族、布依族、壮族、侗族、水族等种植的水稻主要有糯稻、黏稻两种，而糯稻又可按颜色分为红糯、白糯、黄糯、黑糯等多种，黏稻则分为红黏、白黏、紫黏等。[①]

麦有大麦、小麦之分，是经西部传入，在氐羌族系诸族中种植较普遍。另外，高粱、玉米、薏苡等禾谷类作物，芋、薯等块根、块茎类作物，豌豆、大

① 管彦波. 中国西南民族社会生活史. 哈尔滨：黑龙江人民出版社，2005.

豆、蚕豆等豆类作物，和麦、稻共同构成西南地区各族群主要的粮食作物，是人们生活中的主食。

西南地区各族群在对稻米等谷类食物进行加工时，除了一般的蒸煮方式之外，还有许多其他的制作方法，如香竹饭、米线、米干、粽子、粑粑、炒米等。

糯米粑粑是西南地区各族群都很喜欢的食品，其制作方法如下：将糯米用清水浸泡10个小时左右，然后淘洗干净蒸煮，再在碓或槽里舂烂，有的还加入红糖、芝麻等，成泥状即用手捏成各种形状，或圆或扁长；可晾干存放，亦可晾干后浸泡清水存放。食用时或油炸，或烤，或炒，味道香醇，黏而不腻。如侗族糯米粑粑，将糯米蒸熟舂烂，加入茶油和香料，做成圆饼形，有的还染色或画上吉祥图案。或者在糯米饭里加上一种野生的甜藤汁，舂成粑粑，半干时切成小方块，晾干收藏。节庆日或有客人来，用茶油炸出，又软又酥。

褡裢粑，是布依族人民喜爱的传统食品，因其如褡裢袋而得名（褡裢袋是布依族人民走亲访友、出门赶集时喜欢携带的一种用具）。每逢农历七月十五日（中元节），布依族人民普遍制作褡裢粑，作为祭祀祖先的供品。两千多年前，祭祖是用当地盛产的芭蕉果和普通糍粑，后来发展为用芭蕉和糯米蒸熟加上红糖，制成甜味糍粑。经多次改进，才形成现在的褡裢粑。蒸熟后的褡裢粑呈长方形，色泽酱黄，有芭蕉果和蕉叶的特殊香味。热吃软滑细腻，冷吃清凉甜润，烙食香脆。

香竹饭，是将稻米放在香竹筒里烘烤而成。香竹是南方特有的一种细竹子，因其内壁有一层香气扑鼻的竹膜而得名。制作时，先将新鲜竹子每节保留一个竹节为底，然后将淘洗干净的米放入筒内，用适量的水浸泡七八小时，用芭蕉叶或香茅草塞口，放在火灰里或火塘上烤，待竹筒外皮呈焦黄色，里面冒出蒸气十多分钟后即熟。食时用木棒敲竹筒，尔后将竹筒外皮逐层剥开，柔软细腻、清香可口的香竹饭即呈现在眼前。此饭多为傣族制作，一般用作小孩子的点心，或招待贵客。现在，一些傣族地区的集市上常有人出售香竹饭。

二、各类肉食

肉食包括各种野生、野放和家养的动物类食品，是狩猎民族和游牧民族的主要食物。西南地区大多数族群以粮食为主食，然而，在相当长的一段历史时期乃至现在的社会生活中，狩猎、捕鱼及家庭饲养牲畜仍是一种不可替代的谋取生活资源的手段。因此，动物类食品在西南地区各族群的饮食中仍占有一定的比例。

从考古发掘来看，在古人类发展阶段，元谋人、柳江人、麒麟山人和广西左江一带出土的约5万年前的贝丘遗址中，就发现了不少动物的遗骨，这显然是原始初民食肉遗留下的。旧石器时代的考古发掘中，各种动物的遗骨更是屡见不鲜。这一时期，人们已学会了饲养牲畜。在新石器时代晚期，云南地区各族群已经饲养了狗、牛、马和鸡等动物。人们通过饲养牲畜和捕猎野外的动物，不断地获得肉食。

饲养牲畜和捕猎动物既是生产方式，又是提供稳定肉食的重要手段。在历史时期西南地区各族群的社会生活中，捕猎的大型动物有象、熊、虎、豹、野猪、野牛、野马、狼、犀牛、蟒蛇、豪猪、獐子、鹿、黄羊、猿猴等。小动物有鼠、果子狸、刺猬、穿山甲、兔、野猫、野鸡以及各种鱼类、虫类动物。饲养的动物有猪、牛、马、猫、犬、鸡、鸭、鹅、兔等。

随着生态环境的变迁，原来栖息于茂密森林中的一些动物逐渐减少甚至趋于灭绝。饲养业的发展弥补了这方面的不足，保持着人们的肉食平衡。

三、各类素食

人们采集的素食涉及植物的果实、块茎、种子、嫩芽、菌类以及各种适合做调料的香草类。淀粉类的野生块根类植物既补充了粮食的不足，又是菜食中重要的一种。如薏苡为禾草类植物，其籽晒干后可做面食，我国西南地区为薏苡的主要分布区。这些食物很多都是被作为与主食相对的菜食处理的。

笋类、菌类的菜食有竹笋、木耳、白背耳、沙耳、香菇、松菇、草菇、青头菌、荞面菌、斑茅等,是西南地区各族群广泛采集的菜蔬种类之一。

随着生活的稳定和自然界可提供的菜食逐渐减少,人们逐渐学会自己培植蔬菜。目前,西南地区各族群所培植的蔬菜主要有白菜、青菜、菠菜、芹菜、蕹菜、茴香、萝卜、莴笋、芋头、黄瓜、苦瓜、冬瓜、葫芦、南瓜、丝瓜、甜瓜、茄子、西红柿、莲藕等,以及葱、姜、蒜、八角等各种调味品。各种野生的和园植的蔬菜共同构成了各个族群的菜食。

四、各类虫食

觅虫而食,在古代乃至近现代一些西南地区族群的饮食生活中甚为普遍。《蛮书》中记载:“裸形蛮……其妻入山林,采拾虫鱼菜螺蚬等归,啖食之。”《桂海虞衡志》载:“……蛮之荒忽无常者也。以射生食动而活,虫豸能蠕动者皆取食。”如今壮侗语族各族群都有一个共同的饮食嗜好,即喜食各种蠕虫、飞虫、幼蜂等。

五、各类酸食

喜好酸食是西南地区各族群饮食的一大特点。西南地区气候湿热,食物不易保存。在长期的生活实践中,他们逐渐学会了腌制食物以易于保存,且有助于健胃消食。从猪、鸡、鱼、蛋到蔬菜瓜果,均可腌制成酸食。腌制方法及风味各异,其中以苗、侗等族的酸食为代表。

苗族几乎家家都有腌制食品的坛子,统称酸坛,蔬菜、鱼、肉、鸡、鸭都可以腌成酸味。到了蔬菜淡季,多食用青菜、萝卜、蒜苗等腌酸菜。苗乡虽无大河,但土鱼(盘鱼)产量甚多,土鱼生于田间,易于蓄养。在春季二、三月插秧时放养鱼苗,至七、八月间,每条鱼长至半斤、一斤不等。此时,苗家人开始腌酸鱼。他们从田间或河里捕回鲜鱼,去掉内脏,加入食盐、辣椒粉,拌匀后腌两三天,然后放进坛子内,一层鱼加一层糯米粉或玉米面,密封半个月左右即成。有的将鱼盐渍三五日,晒干后往鱼肚内装满半熟的小米或粗米粉,然后装入坛中,密封坛口,倒置浅水盘内。经半月后,盐浸透,性变酸,色泽橙黄,肉质酥嫩,取出食用,酸香可口,食之津津有味。

"侗不离酸"概括了侗家饮食习惯的一大特点。侗族喜吃酸辣,民间有"三天不吃酸,走路打蹿蹿"的俗语,还有"住不离田,走不离山,穿不离带,食不离酸"之说,可见酸食在侗族生活中的重要性。相传,侗族从前吃不到盐,有人发明出以酸汤、酸菜代盐的办法,侗族人才得以生存。现在,侗家人不再为盐发愁,但嗜酸已成为习惯,因此待客的菜中,酸菜占一半以上。从科学的角度看,侗族居住的地区气候较热、湿度较高,日常劳动出汗多,胃酸缺乏,所以吃酸能增进食欲。侗族家家户户都有酸坛,常年腌制酸猪肉、酸鱼、酸鸭、酸菜等。自家养的鸭、鹅、鱼除数量多时卖一部分以外,其余的宰杀洗净后就放进酸坛腌起来。菜园中种的青菜、黄瓜、豆角、萝卜、辣椒、姜,山野中的竹笋、蕨菜之类,吃不完的也腌成酸菜贮藏。一些侗族地区还有以淘米水入罐置于火边发酵制酸水的方式,既可煮菜,也可饮用,还可洗发、护发,效果甚佳。

居住在云南边疆的布朗、阿昌、佤、德昂、基诺等族,也喜食酸笋、酸菜、酸肉等,其制法与苗族、侗族有些差异。布朗族青年在情歌中也往往借酸食来抒发他们的情感,如《酸笋歌》中唱道:"深山野箐长,哥采竹笋嫩生生,妹切笋丝施起来,酸在眉头喜在心。"[①]

布依族的独山盐酸菜可谓闻名遐迩。据《布依族简史》记载,盐酸菜是青菜加工贮藏的方法,独山出产的最著名。盐酸初称坛酸,后改称盐酸,传说原是布依族首创,明代已有,后来汉人才仿造、改进。清代文学家、书法家莫友芝(布依族,独山人)曾为曾国藩幕僚,经友芝推荐,曾国藩以盐酸菜上贡皇宫,后来影响渐大。其制作方法是:二三月间晴天割下青菜,晒半蔫后,洗净晾干,切成一寸左右的节,用糯米、甜酒及盐、辣椒粉拌匀,再放适量的灰碱,然后轻轻揉,使作料渗透,贮于土坛中,月余即可食用。其味鲜美酸甜,经年不变。

第四节　西南地区各族群的酒文化

酒是西南地区大多数族群民众喜欢喝的饮料,是他们待客议事、婚丧嫁娶、起房建屋、逢年过节的必备品。但原料、酿制方法及怎样喝等方面,各族

① 杨筑慧. 侗族风俗志. 北京: 中央民族大学出版社, 2006.

群因生存环境、习俗和文化不同而有所差异。《古州杂记》载，古州“瘴气四时皆有，八、九月尤盛，中瘴毒辄病，太阳(穴)痛，发热不止，眩晕呕吐，误服发散凉剂多致不起，惟饮酒微醺取汗即愈。早晚酌饮醇酒数杯可以辟瘴”。可见，由于苗、侗、水等族群居住的地区多瘴气，饮酒可祛湿辟瘴。在长期的历史发展和生活实践中，西南地区各族群形成了独具特色的酒文化。

西南地区各族群在历史上与外界的接触不多，未能及时学会制作烧酒，所以一直酿制和饮用低度酒，米酒便是最为重要的一种。酿制过程一般是先将粮食煮熟，用容器或布或阔叶包裹，加入酒曲使之发酵，几天后置于容器中即成。除用粮食酿酒外，一些族群还以果、根、草等酿制。还有的族群在酒中加入药材，成为药酒，具有舒筋活血、祛湿御寒、消炎镇痛、强壮身体之功效。

米酒是大米或糯米发酵而成的原汁水酒，含糖量高，酒精度低，是解除疲劳的最佳饮料。苗族酿酒历史悠久，从制曲、发酵、蒸馏、勾兑到收藏，形成了一套完整的工艺。苗家酒的种类有多种，多以大米、糯米、高粱等为原料酿制。制法如下：先将米或其他原材料用清水浸泡 1 小时，滤干入甑蒸熟，然后将材料倒入盆内散热，加入酒曲拌匀，入缸存放，待化为酒糟后，加水蒸馏即成，约 30 度。米酒味纯甘甜，芳香爽口。甜酒除不蒸馏外，其余与白酒制作方法一样。米酒的酿造中，制曲工艺最为独特。如今黔东南苗族人在制作酒曲的时候，要选择寅(虎)日去采集叶子，说这样做才使酒劲大一些。抟捏曲团的时候，要分性别，需捏一个“雄性”的和一个“雌性”的，“雌性”曲团的标志是中间有一个凹点，雄性曲团则凸出一点。制作酒曲的时候，要加入一点旧有的曲面，延续和继承前一批酒曲的优良特点。

窨酒是纳西族独创的一种水酒，早在清朝道光年间即已开始酿造，传说是丽江大研镇一户杨姓人家首创。窨酒制作极为讲究，主要是以大麦、小麦等粮食为原料，先煮熟焖黄，然后摊凉加酒药装箱糖化，再分别装入瓦缸，加 60 度大麦清酒封存，低温发酵月余，过滤去糟，将汁液分装，瓦缸密封沉淀，陈酿即成。酒色橙黄透明，味醇香甜，是纳西人办事、迎宾客的主要饮料。

拉酒是云南怒江峡谷的傈僳族酿制和饮用的水酒，因饮用方法而得名。傈僳族以小麦、玉米、高粱、稗子等为原料，煮熟蒸透后，加以酒曲，密封贮存在瓦罐中发酵成酒渣。宾客临门时，取出适量的发酵酒渣，放在锅中或盆中，置于火塘上，饮者团团围坐，主人不断往锅中或盆中加水，一面斟酒敬客，直到酒味淡时为止。

青稞酒是藏族、土族等族群的民间传统饮料，流行于西藏、青海、四川及云南等藏族、土族聚居区，以独特的酿酒原料而闻名。其主要原料青稞是青藏高原的特产。青稞酒是将青稞洗净煮熟，加入酒曲拌好，放入陶罐或木桶装好封闭，使其发酵，2～3 天后，加入清水盖上盖子即成。青稞酒呈淡黄色，味微酸，是一种不经蒸馏、近似黄酒的水酒，度数在 15～20 度之间，分头道、二道、三道酒三种。埋藏 3～5 年的陈酒，酒色如黄蜜，浓如糖稀，醇香扑鼻，入口绵滑，小酌数杯，即可使人心旷神怡。

西南地区各族群的群众喜欢饮酒，许多重要场合都离不开酒，以至于有“无酒不成礼，无酒不成席”之说，常以酒来调节、融洽气氛。不少族群还有敬酒的歌舞，用来劝酒，让客人在热情、周到的礼节中尽兴。长此以往，各民族逐渐形成了不同的饮酒习俗。

咂酒，“咂”即吮吸，“咂酒”就是借助竹管、藤管、芦苇秆等管状物把酒从器皿中吸入杯中或碗中饮用，或直接吸入口中。此习俗盛行于四川、云南、贵州、广西等地的彝、苗、侗、布依、土家、仡佬、傈僳、普米、哈尼、纳西、傣、佤等民族之中。李宗防《黔记》记载：“咂酒……以草塞瓶颈，临饮注水平口，以通节小竹，插草内吸之，视水容若干，征饮量。”其饮法颇有情趣。饮酒时，将瓮口打开，注入开水（冬季用温开水，夏天用凉开水），然后插入竹管吮吸。竹管以水竹为佳，竹管的长短以瓮的大小而定，无节者为最佳；如果有节，则事先打通。饮时，在场者沿酒瓮围成一圈，由年龄最长者先饮，然后由左至右依次轮转。酒汁吸完后，可再冲入凉（温）开水直至淡而无味时为止。

彝族人酷爱饮酒，无论男女，几乎人人皆饮酒。他们饮酒，常常是“有酒便是宴”，故有“饮酒不用菜”的习惯。在家里，或在街上，甚至路旁、河边、草坡上歇凉的地方，拿出酒来，席地而坐，围成圆圈，一边倾心相谈，一边端着酒杯，轮流而饮，习称喝“转转酒”。要是中途来人，不分男女老幼，也不分生人熟人，挤出一个空位，让来人加入畅饮。“转转酒”反映出彝族好客的生活作风和坦荡豪爽的性格，也起到了相互交流的作用。

景颇族人大都爱喝酒，出门时筒帕里都背着一个酒筒，熟人相遇互相敬酒，但不是接过酒来就喝，而是先倒回对方的酒筒里一点儿才喝。主人会认为这是互相尊重、看得起。几个人若同时在一户景颇族人家做客时，主人一般不亲自给每个客人敬酒，而是把酒筒交给其中年纪较长一点儿的人。如果把酒筒交给你，说明把心都交给你了，意思是要你代表他的心意给大家敬酒，根据来客多少平均分给每个人，包括主人在内，然后才能自己喝，最后酒筒里还要留一点儿。大家共喝一杯酒时，每个人喝一口后，都用手擦一下自己喝过的地方，再传给别人。有老人在场时，让老人先喝。

过关饮酒，也称“拦路酒”，即在迎客的道路上设置一道道关口，客人必须先饮酒，然后才能通过，表现出主人以酒迎客的诚挚与坚决，主要流行于苗、瑶、侗和布依等族群中。瑶族待客有饮“三关酒”之俗，凡喜庆事，贺客到，唢呐、喜炮响起，主人就端酒，在屋外组成三道关。每一道关必敬每一位客人两杯酒，称为“三关迎客六杯酒”，充分表现了主人迎客之盛情。拦路酒是苗族人民的一种迎客习俗。凡客人进寨，人们便在门前大路上设置拦路酒，对客人唱拦路歌，让客人喝拦路酒。拦路酒的道数多少不等，少则三五道，多至十二道，最后一道设在寨门口。客人要一道关一道关地喝完拦路酒，才能进寨门，既表示对客人欢迎之热诚，又表示主人待客之盛情。每逢丰收庆典或重大节日时，这种礼仪更加隆重。侗族、布依族也有与此相似或相近的过关酒习俗。

云南丽江摩梭人中，孩子满月时，要举行吃“月米酒”活动。月米酒在女家举行，但由男方主办，要准备一整条猪、一只活羊、四只鸡、近百个鸡蛋、上百斤白酒、一坛“苏尼玛酒”、两坛甜酒。吃月米酒这天，要请来同村的人，但是男方参加的只能是母亲及母亲的表亲兄弟，而父亲和亲兄弟姐妹均不可参加。先请村中德高望重的长者入座，以表示尊重，然后请其他人按年龄长幼为序入席。

广西三江地区的侗族有饮“三朝酒”的风俗。三朝酒是为庆贺头胎儿女诞生所设的酒席。“三朝”即三日，但也不是非三日不可。一般邀请的都是亲戚，以外祖母家的人居多，又以妇女为多。祝贺的人需要带礼物，每人一份。外祖母家的人一到要放鞭炮欢迎。按习惯还要传抱婴儿，然后给婴儿取名。这时如果男方青年以“双歌”(即两男两女)的形式，邀请女方青年唱“取名歌”，女方要以同等形式对答。客人到齐后，宴会开始，分男女入席，敬酒时，双方先喝“交杯酒”。若双方性别不同，男方先饮；如年龄不同，长者先饮。主客之间以客为尊，席间对歌敬酒，一直到夜晚。

苗家饮酒，多因时间、地点和对象的不同而有不同的称呼，如“拦路酒”“进门酒”“嫁别酒”“迎客酒”“送客酒”“双杯酒”“交杯酒”“转转酒”“贺儿酒”“平伙酒”“酬劳酒”“慰问酒”“鸡血酒”等等。苗族人还极为讲究待客的饮酒礼节，如主人向客人敬酒要敬两杯，谓“两条腿走路”。敬酒者双手端杯，按正、反方向敬两周，敬到最后一人时，双方交杯对饮；又如以牛角杯敬酒，客人如不喝完，则“杯”倒酒淌，使人不能喝。苗族人敬酒的时候要双手交递，受敬的人也要双手接过，喝之前要向在座的人表示“得罪”，喝完之后双手交回酒碗。“斟酒不过面”，不论从什么方向开始斟酒，都要一个一个来，不能因为其中有老少、主客的区别而不礼貌地跳过某些人。如果主人以牛角酒杯敬酒，客人有两种饮法：一是不用手去接杯子，抿一口即可；二是用手去接，就意味着要把牛角杯中的酒喝完。

此外，许多族群敬酒的时候都讲究“三杯”，而且对这三杯酒有不同的解释。瑶族说，客人喝第一杯，人还在门外；第二杯，就是一条腿迈过门槛了；只有喝了第三杯，才算进入家中。

综上所述，饮食兼具生物、生态属性和社会、文化属性。人类饮食的发展，固然基于生理需求和生态环境，然而造就出丰富多彩的饮食方式的则是文化。饮食文化具有族群性，饮食背后蕴含着西南地区各族群不同的族群认同。随着社会的发展，族群间的往来日渐频繁，为饮食文化的交融与发展提供了便利。

【参考文献】

[1]管彦波.中国西南民族社会生活史.哈尔滨：黑龙江人民出版社，2005.

[2]何琼.西部少数民族文化概论.北京：民族出版社，2009.

[3]林耀华.民族学通论.北京：中央民族大学出版社，1990.

[4]杨筑慧.侗族风俗志.北京：中央民族大学出版社，2006.

[5]郭于华.关于“吃”的文化人类学思考.民间文化论坛，2006(5).

[6]杨筑慧.糯的神性与象征性探迹：以西南民族为例.中央民族大学学报（哲学社会科学版），2016(6).

[7]周大鸣.饮酒作为山地民族的一种生活方式——以黎、瑶、侗三个山地民族村寨为例.民俗研究，2018(1).

【思考题】

1. 简述饮食文化的起源及含义。

2. 如何理解西南地区各族群多元的饮食结构?

3. 简述西南地区各族群的酒文化。

第三章　西南地区各族群的服饰文化

服饰是构成人类日常生活的物质文化要素之一，它与饮食、居处一样占据着非常重要的地位。在当代，服饰除了最基本的御寒功能外，更多地具有了审美意义。

第一节　服饰的起源与构成

在今天，服饰之于人，跟渴饮水、饥吃饭一样自然。因此，我们很少去思考服饰的起源问题。事实上，在从猿到人的转变过程中甚至人类社会的早期，我们的祖先都跟其他动物一样是赤身裸体的。我们的祖先是从什么时候开始穿上衣服，使自己与其他动物区别开来？又是什么原因使得他们开始用服饰来遮掩自己的身体？

一、服饰的起源与演变

人类服饰文化是出于生存需要而创造和发展起来的。究竟是因何种需要而创造了衣物，学术界有这样几种学说：保护说，即衣物可以保护人体免受伤害；羞耻说，即用衣物来遮盖身体免受他人窥视；吸引异性说，即用衣物来使自己变得更漂亮，以吸引异性的注意力；辟邪说，即用衣物来避免某些邪恶事物对身体或精神的损害；装饰说，认为衣物没有什么实际作用，主要是为了装扮身体；等等。以上说法都有自己的缺陷。事实上，服饰的起源是一个非常复杂的问题。但是，无论学者的观点如何不同，他们仍有一个共识，即服饰的发展经历了从简单到复杂、从原始到文明的过程。

根据考古学的研究，约 30 万～50 万年前，人类才开始从较为温暖的地带向北方寒冷地带迁移。迁移到寒冷地带后，他们住在山洞里，用兽皮裹身以御寒。我国的考古研究在约 18000 年前的山顶洞人遗存里发现了用来缝制衣物的骨针。到 6000 年前，中国人已开始使用植物纤维来纺纱织布。

人类早期的衣物是与采集、狩猎生活相联系的，其原料也应是花草树木之叶、皮、纤维以及鸟兽之皮、羽毛等天然材料。还不会缝制衣物的时候，衣物多以披、挂、套、围等形制出现。比如彝族的查尔瓦就是典型的披挂式衣物；傣族的筒裙属于围式衣物，只需要一块布围在腰间即可。套是将一块布从中间开一个洞，套头而穿在身上，称为贯头衣。

从制作工艺来讲，人类能够缝制衣物的各个部件如衣袖、裤腿等是晚近期的事。从考古资料看，各类饰品最初都是由兽骨、海贝等制成，后来才逐渐以玉石、各类贵重金属为原料制作。最初是使用天然颜料为布料染色，比如蜡染，后来逐渐以化学染料代替。早期人类直接在身体上绘图，后来逐渐被衣服上的各种花纹、图案取代。

西南地区各族群服饰的发展，大致也经历了同样的历程。《隋书》里记载生活在今两广地区的古代百越人，“其俗断发文身”，即在身上涂上各种颜料。《滇书》记载，古代苗人“楫木叶以为衣服”。当然，炎热地带最初衣饰的材料不限于树叶，一切可用之物皆用之，比如结草为衣，清代田雯的《苗俗记》里就有“男子披草衣短裙”的记载。之后，人们开始使用天然的或种植的植物纤维纺纱织布，以缝制衣物，如《后汉书》中就记载西南夷人服饰多用麻布，“好五色衣服”。再后来，中原地区养蚕制丝的技艺传入西南地区，很多族群学会了养蚕，其衣饰材料的来源就更加丰富了。

服饰从最初的实用到后来实用与审美共存的发展，受到不同社会经济文化的影响，是人类社会经济文化不断发展的反映。

二、服饰的类型

服饰是人体外部所有装饰的总称，其构成要素主要有五个方面：质，服装原料的性质，如棉、麻、丝等；形，服装的款式；饰，佩戴的各类装饰品；色，

服装的色彩;画,服饰的各类花纹与图案。服饰的类型包括多方面的内容,主要如下:

第一类是衣着。这类服饰是直接穿戴在身体各个部位,包括上衣、裤子、帽子、头巾、手套、鞋子、袜子等。这类服饰的材质多样,从最初的麻、棉、毛、丝、皮革等自然材质,到现代社会的各类化学纤维,都可制作成不同种类的衣着。衣着的款式多样化,有复古的,有现代的,有民族风的,等等。衣着是服饰最基本、最重要也最为典型的要素,在所有类型中是使用最广泛的。

第二类是各种装饰品。这类服饰的主要作用是修饰美化,身体的不同部位有不同的装饰品。头部的装饰品最为繁杂,包括夹、簪、钗、梳、发套、发结、各类花饰等;耳部装饰物,包括各种耳环、耳钉、耳坠等等;面部装饰物,包括鼻环、鼻钉、唇环、舌钉等;颈部装饰物,包括各类项圈、项链、领带、领结、围巾以及领饰等;手部装饰品,包括臂钏、手镯、戒指、指环等等;脚部装饰品,如脚铃、脚环等;躯干部装饰品,如胸针、胸花以及腰佩等。装饰品的种类繁多,所用材质也多种多样,从贵金属到各种天然石头到鸟羽,都可以做成装饰品。西南地区各族群都喜欢用饰品来装饰美化自身,比如藏族和苗族某些支系的装饰品,穿戴整齐时重量可达10公斤以上。

第三类是佩带在身上的各类生产工具、武器以及日常生活用品。这些事物除了实用性外,也具有一定的装饰美化作用。比如西南地区各族群男子常常佩带的佩刀、腰刀、弓弩等;用作生产工具的各类背篼、挎包、手提包等;日常生活用品如烟袋、烟杆、荷包、钱包、化妆包、香囊、手帕、扇子、伞、斗笠、蓑衣等等。这类饰品的特点是与民众的生产生活相结合,具有实用性。常年佩带在身上的各种较小的饰品,一般都做得较为精细。

第四类是直接在人的身体上进行的各类装饰,有的装饰甚至会改变人体的性状,以达到人工雕琢的美感,程度较轻的如各种发式、画眉、描唇、染牙、束胸、文身等;改变较大的如割眼皮、穿鼻、隆鼻、镶牙、隆胸、缠足等等。

第二节　西南地区各族群服饰的特征

西南地区各族群的服饰，是各族群在历史发展过程中，根据地理环境与经济水平而发展出来的，是各族群历史文化的重要组成部分。

一、西南地区各族群服饰文化的特征

西南地区各族群的服饰文化，有一个非常重要而且具有普遍性的特点，即鲜明的性别特征。各个族群对女性服饰的重视程度远远高于男性服饰。除了生活在高寒地带的族群之外，女性的服饰基本上是短上衣和裙子，重视刺绣装饰，首饰与配饰也很重要。以刺绣为例，苗、侗、彝、土家等族非常突出；苗、布依的蜡染技艺高超；在首饰方面，苗、侗的银首饰做工精美绝伦、复杂多样，一整套银首饰可重达二三十斤。各族女性的裙子款式差别很大。有百褶裙，有筒裙；有长及地的，有短到膝以上数寸的；有纯色的，有彩色的；有印花的，有绣花的，等等。发展到今天，各族群女性服饰已经成为各个族群的代表性特征，也是西南地区旅游文化与各类民俗展演中必不可少的组成部分。

除了重视女性服饰这一重要特征外，各族群不同支系的服饰也各有特征。由于各族群内部支系繁多，不同支系的服饰又具有不同的特征，导致西南地区各族群服饰纷繁复杂。从服装的样式看，西南地区各族群的服饰多达五六百种，仅苗、彝、藏三族的服装式样就有三百多种。以上衣为例，就包括贯头服、交领衣、高领衣、无领衣、圆领衣、大袖服、窄袖服、左衽服、右衽服、满襟服、对襟服、紧身服、坎肩、马褂等几十种。最具西南特色的是各族群裙装，包括百褶裙、超短裙、中短裙、长裙、圆筒裙、半边裙、羽毛裙、树叶裙、裤裙、石榴裙、围裙等几十种。其中百褶裙也分超短、短、中、长等类型。脚上的鞋子也是各具特色。事实上，支系间服饰的差异，主要的功能就在于区分“自我”与“他者”。西南地区丰富的民族服饰文化，是中华民族服饰文化的重要组成部分。

西南地区各族群服饰还具有不同年龄、不同社会身份与地位的特征。

西南地区各族群普遍重视成年礼，成年换装成为标志性事件。如宁蒗纳西族男女儿童13岁前均穿长衫，不穿裤装，13岁行过成年礼后，换着成人服饰。已婚妇女梳高髻，未婚女子剪发齐眉。哈尼族男女青年也用服饰来表示已经成年，可以开始谈恋爱。红河、墨江一带未婚女子垂发辫，已婚则盘发辫。西双版纳一带男子15岁前戴帽子，15岁后包头帕。女子17岁后要在脑后佩戴一件叫"欧丘丘"的装饰，表示可以求爱；18岁开始留鬓角，表示可以出嫁。已出嫁的姑娘，要在"欧丘丘"上包一块黑布，表示自己已婚。佤族女孩从出生开始，每年都在腰间或小腿加一藤竹烤制的竹圈，从竹圈个数便可判断实际年龄。

不同身份与地位在西南地区各族群服饰上也有很好的体现。比如彝族女子裙子长短就与身份有关。各族群从事原始宗教职业的各类神职人员，如纳西族的东巴、彝族的毕摩等，都有特定的宗教服饰。在佤族地区，佤族的头人，无论是一个寨子的头人"格亚永"，还是一个部落酋长"格利俄"，都保留其先民"尊贵者裹红布头"的习惯，且"格利俄"这一级头人的衣服上还装饰有太阳、月亮、星星、双龙和牛头等图案，双龙含红日的图绣在内衣上，只能是头人本人穿。

二、西南地区各族群部分服饰

西南地区各族群的服饰内容极为丰富，且都有自己的特点，都是各族群在长期的历史中发展出来的能够体现本族群文化的产物，值得我们去研究。限于篇幅，本书不能对每个族群的服饰一一进行呈现，只能从每个族系中选取一至两个族群的服饰进行描述。

（一）藏族服饰

藏族主要分布在高寒的青藏高原，范围广泛，西藏、青海、甘肃、四川以及云南都有分布，其服饰具有多样性与高寒地区的服饰特征。

由于生计模式的差异，藏族服饰有农区和牧区之分。牧区服装一般都是皮袍和氆氇，较少装饰，朴实无华。农区服装多以锦缎制成，并以各色皮草镶边，佩戴金银珠宝，十分华美。农区和牧区都喜欢用金、银、珠宝、玉石、玛瑙及象牙等制成各种首饰，佩戴在身体的各个部位，尤其是女性的头饰非常多。

无论牧区还是农区，藏族男子都穿宽大至膝的长袍。为活动方便，常将右边衣袖拉下来夹在腰带上，在长袍内穿立领右衽衫，冬季戴长檐毡帽。女子冬季穿与男子差不多的服装，戴无檐毡帽，夏季则穿无袖的长袍，腰上系长围裙。女子非常重视发式和发饰，牧区女性尤其如此。发辫是女子的主要发式，也起着辨别婚否的作用：扎独辫者表示未婚，双辫者表示已婚；在许多小辫中有一条主辫者表示未婚，有两条主辫者表示已婚。安多地区女性一般扎 70～80 条小辫，康巴地区扎 108 条，那曲一带最多，达 120～150 条。辫子一般用彩色头绳盘在头上，也有编成小辫披在肩上的。男女都扎一条红绿条格的腰带，长约七八十厘米，宽约四五十厘米。男女服饰的图案多为几何形状，都喜欢用对比色，视觉感强烈。

藏族帽子的式样非常多。云南、四川等地的帽子一般以绸缎做面，以珍贵皮毛做里，圆顶筒状，下口有带，可改变大小、深浅并自由翻转，以适应天气状况。拉萨和日喀则一带则多带金花帽，一般用金丝缎、氆氇、毛皮等做成，男女有别。藏族的靴子种类也很多，一般是皮底长腰软筒，鞋尖上翘，用丝线绣边和纹饰，非常轻便。

（二）彝族服饰

彝族在西南地区分布广泛，云南、贵州、四川三省皆有，且内部支系繁多，因此服饰也复杂多样，不同地区、不同支系的服饰都有明显的差别。其类型大致可以分为凉山型、楚雄型、滇西型、红河型、滇中及滇东南型以及乌蒙山型。

彝族男子一般穿黑色窄袖且镶有花边的右开襟上衣，下穿多褶宽脚长裤。男子一般左耳会穿耳洞，年纪稍大便可戴耳环。彝族男子的发式独具特色，常留发于顶并挽成发髻，彝语称“字尔”或“字木”。这是彝族男子的一种传统发式。男孩在四五岁时，头顶留一块方形的头发，成年后将其挽成一个发髻，视其为天神的代表，认为它能主宰吉凶祸福，是神圣不可侵犯的，任何人不能触摸，因此汉语称其为“天菩萨”。彝族男子头上一般会缠着青蓝色棉布或丝织头帕，头帕的头端一般在额前左方形成一尖锥状，彝语称为“兹提”，汉语名为“英雄结”。青年人多将英雄结扎得细长而挺拔，以示勇武，而老年人往往是粗似螺髻，以表老成。

彝族女子一般上身穿右衽大襟上衣，排襟、前襟、后项圈和袖口用彩线挑有图案花纹，都绣有精美多彩的花边，领口周围一般缀以金器、银器、珠宝和玉器，戴黑色包头。甘洛地区的彝族女服中襟为多。圣乍地区的兔毛背心别具一格，在青底彩花的坎肩袖笼底边镶上一圈雪白的兔毛，华美富丽。四川凉山和云南的彝族女子多穿百褶长裙，这种长裙用宽布与窄布镶嵌横联而成。彝族女子长裙的特点在于裙下节的层层皱褶，以多褶为贵。按照不同年龄，裙子长短是有差异的，童裙短，一般为两节，腰小摆大。成人为三节，上节为腰，中节直筒状，下节为细密格纹。颜色也按照不同年龄有不同的选择：童裙一般以红、白为主，或几色相间；青年则以红、蓝、白或红蓝白相间为主；老年则以青、蓝或青蓝相间为主。许多支系的女子长裤脚上还绣有精致的花边。挑花刺绣是彝族服饰一个非常重要的特点。彝族女性的服饰从头到脚都有各式各样的绣花，每一朵花都是一件精美的工艺品，都值得作为民族刺绣标本去研究，去保存。

滇中、滇南的未婚彝族女子，多戴鲜艳的缀有红缨和珠料的鸡冠帽。鸡冠帽用布壳剪成鸡冠形状，又以数十、数百乃至上千颗大小不同的银泡镶绣而成。彝族少女 15 岁时，有的地方要举行一种彝语叫“沙拉洛”的换装仪式，即换裙子、梳双辫、扯耳线，标志着该少女已经长大成人。此后，要穿黑色的拖地长裙，梳双辫，戴上绣满彩花的头帕和银光闪闪的耳坠。

在装饰品方面，彝族女子一般以针筒、口弦和辟邪用的獐牙、麝香为胸饰；腰际佩挂三角形荷包，包面精饰各种纹样，衬以不同的布缝成，上端开口，下缀五色飘带，挂于左方腰际；腕饰一般是金、银、铜、玉、石质手镯，戴金银或石料镶金银马鞍形、猫眼形戒指。

（三）苗族服饰

在我国，苗族主要分布在湖南、湖北、贵州、广西、云南、四川以及海南等省市。按照语言属系，苗族可分为三大方言区，即东部方言区、中部方言区与西部方言区。由于分布范围广泛，内部支系繁多，加上地理环境复杂，苗族服饰呈现出多样化特征，仅黔东南苗族服饰类型就超过 200 种，被称为“苗族服饰博物馆”。按照地域划分，苗族服饰大致有如下类型：

(1)属于东部方言区的湘西型。该类型服饰主要流行于湘、鄂、渝、黔交界处的苗族聚居区，包括湖南湘西、湖北恩施、重庆秀山、贵州松桃等地。女子一般着便服，头缠黑色头巾，身穿紧袖右衽短衣，青色直筒裤，衣裤均绣花边。着盛装时，在便装的基础上加刺绣的云肩，戴各种银首饰，包括耳环、头箍、项圈等。

(2)属于中部方言区的黔东南型，分若干不同的款式。雷公山式以超短百褶裙为主要特征，穿绑腿，流行于黔东南雷公山区域；台江式，女子便服以交襟上衣为主，流行于黔东南清水江流域与巴拉河流域；丹都式，女子衣着以收腰大襟上衣、宽脚裤为主要特征，流行于丹寨、都匀、三都等区域；融水式，女子便服为窄领对襟衣，收腰而下摆很大，夏装为宽脚长裤，小腿绑脚套，流行于贵州、广西交界的地区；黔中南式，女子上装多披领与背帕，下装一般为青色百褶裙或蜡染裙，流行于贵州中南部与黔、桂、滇三省交界地带。黔东南型苗族服饰最典型的特征是有着精美绝伦的各类银饰。

(3)属于西部方言区的川黔滇型。女子上衣一般为麻布衣，下装为蜡染麻布百褶裙或麻布裙，可长可短，色调较浅，蜡染工艺普遍，上衣一般有精美的刺绣，流行于四川南部、贵州西部以及云南苗族区域。黔西北与滇东北区域的大花苗支系，无论男女，皆穿戴织花披肩，有的大如斗笠。

苗族服饰的各种类型，几乎都有便装与盛装之分。一般便装样式素净、简单，在日常劳作时穿戴。盛装在节日和婚嫁时穿戴，衣着与配饰都繁华复杂，集中体现出苗族服饰的精美与工艺水平。苗族各个支系的服饰，其图案内容大都取材于日常生活中的各种事物，除了审美功能外，还起着识别不同支系的作用，具有表意功能。

（四）瑶族服饰

瑶族主要分布在广西、湖南、贵州以及云南等省区，内部支系众多，因服饰的颜色、式样、头饰的装扮不同而有各种不同的称呼，如“过山瑶”“红头瑶”“大板瑶”“平头瑶”“蓝靛瑶”“沙瑶”“白头瑶”等。

瑶族男子服装一般以青蓝色为基本色调，以对襟、斜襟、琵琶襟短衣为主，也有的穿交领长衫，配长短不一的裤子，扎头巾、打绑腿，朴实无华。比较特殊的是南丹白裤瑶男子的白色灯笼裤，宽臀紧腿，造型奇特。白裤瑶男子留长发，梳辫盘于头顶。大排瑶男子亦蓄发挽髻，以红布包头并以野鸡尾为饰。蓝靛瑶男子喜戴编制精美的马尾帽。

瑶族女子有穿大襟上衣，束腰着裤的；有穿圆领短衣，下着百褶裙的；还有穿长衫配裤子的。贵州瑶族女子的服饰最为奇特,其前襟长至膝下,两端精心缝制,形若狗尾。穿时两襟在胸前交叉,系结于腰后,“狗尾”自然垂下,称为“狗尾衫”。这种服饰与瑶族的图腾崇拜有关。以苗、瑶为代表的南蛮族系,皆有槃瓠崇拜的传统。槃瓠在《后汉书》里被描述为“其毛五彩”“狗头人身”。因此,南蛮族系后裔便模仿槃瓠的颜色和形状制作衣物,瑶族的五色服及狗尾衫便是其中一种,穿着以示不忘祖先。广西大瑶山花篮瑶女子穿对襟交领式长衣,衣侧开衩,下着青布短裤,以织锦绑腿,穿木屐,用青布帕或白帕包头,佩带银项圈等饰物。广西金平红头瑶女子穿青布对襟长衣,领襟有红色绣饰和一排银牌,腰系青布带,下着刺绣精美的宽大花裤,其裤子堪称艺术精品。

瑶族女子头饰颇具有特色,有的戴竹箭,有的竖顶板,有的戴尖帽,有的戴竹壳,形状有“龙盘”“A”“月牙”“飞燕”形等,纷繁复杂。广西贺州的瑶族妇女戴十余层的塔形帽子,颇为壮观。湖南瑶族的女子以蜂蜡涂发,椎髻于顶,无论寒暑,均以花帕包裹呈梯形,用蛾冠形的斗篷罩在上面,婚后取下,表示已成家立业,开始新的生活。

(五)傣族服饰

傣族主要分布于云南省南部和西部的河谷平坝地区,主体聚居在西双版纳傣族自治州和德宏傣族景颇族自治州。这些区域属于热带亚热带季风气候,天气温热,山林茂密,物产丰富。傣族服饰淡雅美观,既讲究实用,又有很强的装饰意味,很好地体现出自然地理特征。

傣族男子一般穿无领对襟或大襟小袖短衫,下着长管裤,多用白布、红布或蓝布包头。傣族男子普遍有文身的习俗,花纹有虎、豹、象、狮、龙、蛇等动物,或经文、八卦、线条等图案,一般不戴饰物。用金、银做牙套是他们的喜好,故有“金齿”之称。男子一般头缠布巾,从事生产活动时挂背袋、带短刀。

傣族女子讲究衣着,追求轻盈、秀丽、淡雅的装束,一般上身着紧身短衣,外套浅色大襟或对襟窄袖衫,有水红、淡黄、浅绿、雪白、天蓝等多种色彩,下身着各色花筒裙。前后衣襟刚好齐腰,用一根银腰带系着短袖衫和筒裙口,腰身纤巧细小,下摆宽大。这种装束充分展示了女性的胸、腰、臀“三围”之美,加上所采用的布料轻柔,色彩鲜艳明快,给人一种婀娜多姿、潇洒飘逸的感觉。傣族女子喜将长发挽髻，在发髻上斜插梳、簪或鲜花作装饰。女子都喜欢戴首饰，首饰通常用金、银制成，上面刻有精美的花纹和图案。

（六）壮族服饰

壮族主要分布在广西、云南与贵州，其中广西壮族自治区是最为集中的聚居区域。壮族内部支系较多，服饰也各具特色。

壮族男子服饰与汉族无太大差异，多为对襟唐装，缝一排（六至八对）布结纽扣，胸前缝小兜一对，腹部有两个大兜，下摆往里折成宽边，并于下沿左右两侧开对称裂口。穿宽大裤，短及膝下，扎绑腿，均以当地土布制作。日常生活中，冬时穿鞋（草鞋）、戴帽（或包黑头巾），夏时免冠赤足。在节日或婚娶时穿云头布底鞋或双钩头鸭嘴鞋。

壮族女子上衣一般为藏青或深蓝色短领右衽，分为对襟和偏襟两种，有无领和有领之别。有一暗兜藏于腹前襟内，随襟边缝数对布结纽扣。在一些山区，壮族女子还穿破胸对襟衣，无领，绣五色花纹，镶上阑干。下穿宽肥黑裤，腰扎围裙，裤脚膝盖处镶上蓝、红、绿色的丝织和棉织阑干。日常生活中穿草鞋，戴垫肩。在赶圩、歌场、节日、婚嫁时穿绣花鞋。壮族妇女普遍喜欢戴发梳、发簪、耳环、手镯和项圈，一般皆以银制成。桂北壮族女子的项链和项圈达九个之多。服装花色和佩戴的小饰物，各地略有不同。上衣的长短有两种，大多数地区是短及腰的，少数地区上衣长及膝。

壮族女子的发式因地域差异而有所不同，头上一般包着彩色印花或提花毛巾。广西龙胜一带的老年女子不结髻，把长发翻过头顶打旋，然后用四尺黑布包好；青年女子头顶留长发，四周剪成披衽，顶心长发翻到前额，扎以白布，插上银梳；小女孩则先剃光头，戴上外婆送的银饰帽，长大才留顶心发。天峨一带的女子留长发而不扎辫，已婚者结髻，梳顺后由左向右绕，扎头巾；少女梳一条长辫加刘海；少妇梳双辫；中老年结髻，垂于脑后。

（七）佤族服饰

佤族主要居住在云南省西南部的沧源、西盟、孟连、耿马、澜沧、双江、镇康、永德等县，另有少部分散居在保山、西双版纳、德宏等地。

佤族男子一般穿黑、青色的无领短款上衣，下着黑色或青色的大裆宽筒裤，习惯剪发，用黑、青、白、红色的布包头，喜欢戴银镯，佩竹饰，出门肩挎长刀、挂包。

佤族女子多穿贯首衣、V形领紧身无袖短衣，下穿红、黑色横条纹的筒裙，披发，佩戴银、竹、藤制饰物，喜欢用竹或藤做成圈状饰物装饰在颈、腰、臂、腿等处。服饰原料多为自制的棉麻土布，染成红、黄、蓝、黑、褐等色，配上各种色线，织出各种各样美丽的图案。佤族女子传统服饰的一个鲜明标志，是颈、臂、腰、腿上都戴数个、数十个竹圈或藤圈。从出生伊始，每增加一岁便加一个脚圈，故有佤族女子“欲知年龄数脚圈”之说。

第三节　西南地区各族群服饰的文化内涵

服饰是族群文化中最为外显的物质文化要素之一，它比其他精神文化、制度文化更容易理解与接受。在多族群的国家里，人们更倾向于把服饰作为区分不同族群的重要标识之一。不同族群的服饰体现了不同族群的文化，它不仅与族群的物质生活条件密切相关，也与其精神文明相关。

一、服饰与族群生态环境

服饰的形成、发展与各个族群所处的生态环境有着非常密切的关系，生态环境会影响该族群的审美心理和审美取向。

西南地区大多属于亚热带季风气候，服饰多以透气性能良好的麻、棉、丝绸为原料制作，款式也多以上衣、下裙（或裤）分开着装。少数生活在西藏、川西南以及滇西北高寒地区的族群如藏族、彝族等，以动物皮毛制成服饰，其着装方式也能很好地适应当地的环境。西南地区既有高原、山地，又有平原与谷地，山清水秀。这样的环境里，女子多着裙装，各类裙装都具有精美细腻、轻盈飘逸的特点，而裙装款式极其繁多。比如苗族的百褶裙长仅20厘米，走动起来伸缩自如，有摇曳之感；傣族女子的曳地长裙优雅动人；等等。

二、服饰与族群历史发展

服饰是族群历史发展的反映，也是对族群历史的一种记录。西南地区各族群，有的在历史发展中失去了原有的古老文字，有的没有发展出本族群的文字，重要事件只能通过口述的方式代代传承。日常穿戴的服饰也部分承担了族群历史传承的重担，其款式结构、花纹图案，不仅代表着一种形式审美，也是符号与意义的结合，有着特定的含义，代表着族群的特定历史事件，如战争、逃亡、迁徙等。

苗族服饰图案就具有典型的族群历史记载的特点，被称为“研究族群历史文化的活化石”。生活在川黔滇地区、讲西部方言的苗族各支系，把绣有三条大线图案的裙子称为“迁徙裙”“三条母江裙”，认为三条大线就是他们的祖先在迁徙过程中渡过的三条大江：黄河、长江和嘉陵江。这种解释与当地丧葬活动中开路仪式上的开路词是吻合的。在黔中与黔南的一些苗族支系中，背牌上的回环式方形纹，象征着其祖先曾经居住过的城镇。他们能指出哪些是城墙，哪些是角楼，哪些是街道，哪里有士兵守卫，等等；披肩上的云纹、水纹、菱形纹，他们解释为祖先故地上一片片肥沃的田地。苗族服饰所反映的族群历史，蕴含着族群起源、发展、战争以及迁徙的文化，对族群的自我认同有非常重要的影响。

族群服饰也是民族考古的一个重要内容。人类社会初期，首饰一般都是用动物的牙齿、骨骼以及贝壳等制成，逐渐发展到用玛瑙、玉石为材料，到后来才用金、银等贵金属作为首饰的原料。在当代西南地区的一些族群中，仍然可见到动物骨骼、贝壳以及竹、木等材料制成的首饰，这为我们研究民族服饰起源与发展演变提供了实物支撑。

三、服饰与族群的图腾崇拜与宗教信仰

图腾崇拜是民间信仰的主要内容之一。古代社会的族群普遍存在图腾崇拜现象，几乎每个氏族都有一个或多个图腾崇拜物，把图腾物视为自己的直系祖先、族群的保护者。随着社会的发展和人们对自然环境认知的增长，图腾崇拜意识逐渐减弱，图腾崇拜的行为也逐渐减少。但是，古代社会生活中的图腾崇拜在族群生活、服饰与各种其他艺术形式中保留下来，为我们了解古代族群的精神生活提供了可能。

西南地区各族群中，传统服饰的花纹与图案明显带有图腾崇拜的痕迹。

他们在服饰上或织或染或绣上日月、星辰、鱼、蛇、龙、鸟以及花草、树木的图案。苗族相信万物有灵，各个支系在古代社会有着不同的图腾崇拜物，如枫树、竹子、蝴蝶、龙、牛、鱼、鸟等。在黔东南的苗族古歌中，记载着枫树、蝴蝶与苗族先民有着血缘关系。特别是蝴蝶，在黔东南的神话中被誉为苗族的祖先，被称为“蝴蝶妈妈”，不仅被苗族群众传唱，还被绣在各类服饰上。近年来，西部方言区如威宁的大花苗传统服饰的背牌上，也开始出现蝴蝶图案。苗族尤其是中部方言的苗族喜带银饰，有的头饰会做成牛角的样式，这是苗族古代牛崇拜的反映。衣服上的花纹图案，首饰的样式与花纹，不仅起着装饰、美化作用，更为重要的是体现了很早以前就建立起来的图腾崇拜观念。

宗教信仰对不同族群服饰的影响也很大。具有不同宗教信仰的族群，在服饰风格上也存在很大的差别。西南地区各族群一般都有专门的宗教职业者，他们拥有专门的与宗教职业有关的服饰，如土家族梯玛的八幅罗裙、纳西族东巴的特有服饰、藏族喇嘛的僧袍等。宗教信仰对民间服饰的影响也很明显，如藏族民众信仰藏传佛教，他们出门几乎都带着护身符盒，护身符盒制作精美，通常放置在胸前。

四、服饰与族群文化沉淀

服饰是族群文化的载体，是族群文化最为外显的部分，是族群文化的主要代表之一。西南地区各族群的服饰千差万别，体现出较为明显的性别差异、年龄差异、职业差异、贫富差异，由此表现出不同的性别文化、职业文化与经济特征等，这些都是族群文化的内涵。西南地区各族群的服饰还有盛装与便装之别，在重大节日活动或婚丧嫁娶等人生礼仪中，通常穿着贵重的服装以表示隆重，而在日常生活与劳作中则穿较为简易的便装以便劳作。西南地区各族群的服饰还能很好地反映各个族群的喜好、审美观念乃至内在气质特征。很多族群喜好金银首饰，比如苗族和侗族，他们的银首饰无论制作工艺还是样式，都达到很高的水平，这与他们以富贵为美的观念一致。藏族喜欢以各种宝石如绿松石等装饰在身体的各个部位，有的一套服饰价值数万元甚至几十万元，这与藏民族的生活环境、价值观念都有密切的关系。

西南地区各族群的服饰，因不同的环境、经济、政治、信仰、心理等形成不同的风格，体现出不同的文化内涵，是各个族群精神文化的外化，是各个族群在长期历史发展过程中文化沉淀的主要代表之一。

五、服饰与族群文化的融合

西南地区各族群长期在共同的地理范围内交错杂居，相互之间的交流对各个族群的服饰文化也产生了重要的影响。各个族群的服饰文化，既是自身在长期历史发展过程中形成的独具特色的文化，同时也吸收和影响着其他族群的服饰文化。

苗族整体上喜欢裙装，但是湘西地区的苗族却多着裤装，这与当地土家族服饰以裤装为主有相似之处。黔东南的苗族与侗族，无论衣装还是首饰，都有许多相同的因素。就苗族整体服饰文化而言，我们可以从中看出苗族在迁徙途中与其他族群在经济文化上的密切关系。有的学者认为，黔东南苗族服饰上的变形几何图案与楚文化有密切关系，是苗族迁徙到楚地后，受楚文化影响而出现的。我们可以发现，任何族群的服饰文化，既具有自身的历史传统，也有与其他族群服饰文化相互交融的现象，体现出你中有我、我中有你的状态。

【参考文献】

[1]刘魁立，张旭. 少数民族服饰. 北京：中国社会出版社，2008.

[2]段梅. 东方霓裳：解读中国少数民族服饰. 北京：民族出版社，2004.

[3]李昆声，周文林. 云南少数民族服饰. 昆明：云南美术出版社，2002.

[4]何琼. 西部少数民族文化概论. 北京：民族出版社，2009.

【思考题】

1. 服饰包括哪些基本要素？
2. 简述西南地区各族群服饰的特色。
3. 举例说明西南地区各族群服饰的文化内涵。

第四章　西南地区各族群的房屋建筑文化

一般情况下，建筑被划分为经典建筑、通俗建筑与民间建筑。本书主要探讨西南地区各族群的民间建筑，但偶尔也会涉及其他两类建筑。

各个族群的民间建筑包括他们所有的传统房屋建筑。西南地区各族群的传统民间建筑最主要的特点是没有专门的设计师，人们按照世代传承下来的固有模式或式样进行建造，在房屋空间的使用上继承前代的格局。西南地区各族群的民间建筑，尤其是人们居住的房屋，是族群传统文化的重要组成部分，是族群传统文化的载体与外在展示。西南地区各族群的民间建筑，在房屋选址与自然地理的关系，与其他房屋的位置关系，房屋本身的高度、使用面积、采光条件、视野，建筑材料的选择以及房屋不同部分的功能等方面，都体现出各族群的特定空间观念与价值观念，值得进行深入探讨。

第一节　房屋的起源与发展

房屋的产生是由于人类生活的需要。人类最早的居住之处是天然的山洞、树洞或厚密的灌木丛之类，这些地方可以为他们提供较为安全的庇护，可以躲避风雨、保存火种、防止大型兽类的攻击，等等。我国考古发掘出的早期人类的居住之处，大多数为自然的山洞，如距今 25 万～50 万年的周口店北京猿人和山顶洞人遗址，距今 50 万～60 万年的贵州观音洞人遗址，都是人类早期以山洞为居住之所的典型例子。除了作为人类生前的生活居所，天然的山洞或树洞也常常成为某些族群的墓地，西南地区各族群在中华人民共和国成立前仍然存在洞葬与树葬。

居住形式与各个族群生活的自然环境与经济条件有着非常密切的关系。根据学者们的考察与研究,人类房屋的发展大致可以分为如下几个阶段:

第一阶段为半地穴式与巢穴式。此类居所非常简单,甚至可以说是简陋。大约在旧石器时代晚期,人类祖先开始建造半地穴式的住所。一般是地下有穴,再在地面上用树枝、树皮之类的材料搭建近似于鞍形或人字形的窝棚,用以挡风避雨。从考古发现来看,我国最早的半地穴式房屋出现在西安的半坡遗址。之后,我国北方很多地方的考古发掘都有这种半地穴式的人类居住遗址出现,有的时间已超过1万年。一直到现当代,有的地方仍然可见类似的半地穴式建筑,如新疆地区的地窝子建筑。我国的南方地区由于气候湿热,人类祖先选择像鸟类一样在大树上建造房屋,以避潮湿与各类虫蛇,称为“树屋”。一直到今天,在中国南方以及东南亚国家,一些著名的旅游风景区仍然以“树屋”来招揽客人。

第二阶段为穹庐帐篷式与土石砖木式样。穹庐帐篷式与土石砖木式样的划分是按照地域或不同族群的生计模式来划分的。在中国北方草原区和西南高原高寒山区,以游牧为主要生计模式的族群发明了适应经常迁徙流动的穹庐帐篷式住所,如藏族的帐篷、蒙古族的蒙古包以及哈萨克等族的毡房,都属于这一类建筑。帐篷有坡面顶的,也有人字形的。生活在青藏高原的藏族人民,大多以游牧为生,在古代,其所居的帐篷是用高原特有的牦牛毛缝制而成,样式非常简单,但用牦牛毛织成的氆氇质地粗厚,吸收光、热的性能好,可避风雪雨雹,具有较强的保暖性。搭建时,中间和四周用木杆支撑,外围四周用绳拉开,绳端用木棒或铁钉钉在地上,周围挖成槽沟以做排水沟。前面分成两片作为门户。帐篷外用草坯、石块和粪饼砌成齐腰高的围墙,形成院落。逐水草而迁时,将帐篷撤下驮于牦牛背上运走,十分方便。到现当代,随着游牧生计模式逐渐朝定居生活方式的转变,耐用的土石砖木结构房屋建筑越来越多,大有取代帐篷式住所的趋势。

中国北方的农区和南方绝大部分地区,在进入文明社会以后,以泥土、石头、竹子、木材为材料建造房屋。此类房屋建筑有着结实的墙壁。在早期阶段,要么以土筑墙,要么以竹木为墙。以竹木为墙者,都有结实的柱子作为整个房屋的支架。在房屋之上覆盖茅草、稻草、树皮或薄石块以避日晒雨淋，后来逐渐发展为以瓦盖房。这种土石砖木结构的房屋更为结实、宽敞与美观，属于固定的永久性房屋建筑，不能像帐篷一样拆分迁徙，与定居农业社会的生计模式相适应。各地由于地理环境与经济发展水平的差异，在建筑形式与风格上各有特色，形成十分丰富的房屋建筑类型。

我们虽然把人类房屋建筑的发展简单划分了阶段，后一阶段是在前一阶段基础上的扩展与丰富。但是，后一阶段的房屋并不能完全替代或排斥前一阶段的所有房屋形式。房屋建筑发展到当代，已经成为一门专门的学科——建筑学。人们建造出来的各种类型的房屋，其功能已远远超出古代社会作为生活必需品的作用，在自然科学与艺术审美方面发挥了更多的作用。

第二节　西南地区各族群的建筑类型

当代西南地区各族群的房屋建筑，除了部分生活在青藏高原牧区的藏民仍然使用帐篷外，绝大部分人的房屋都以土石砖木为材料来建造。我们可以按建筑材料来划分西南地区各族群的房屋建筑形式，并选取有代表性的建筑来进行介绍。

一、竹木类房屋建筑

在当代建筑学分类中，以竹、木为主要建筑材料的房屋称为竹建筑或木建筑。竹木建筑有自己独特的建筑体系，在古代建筑史上占据着非常重要的地位。西南地区大多数族群的房屋建筑都可以归入竹木建筑体系中，其主要表现形式为形态各异的干栏式房屋建筑。

干栏式房屋，古籍中称为干兰、高栏、阁栏、葛栏，是指在木（竹）柱底架上建筑的高出地面的房子。其具体构筑办法是以竖立的木桩为基础，其上架设竹、木质大小龙骨，作为承托地板的基座。基座上再立木柱、架横梁，构筑成框架状的墙围和屋盖，柱、梁之间用木板、树皮、茅草、竹块或草泥填实。

根据考古学的发现，迄今所知中国最早的干栏式房屋是浙江余姚河姆渡遗址出土的干栏式房屋建筑。此后，在新石器时代以降的诸多遗址中，如江浙地区的马家浜文化和良渚文化遗址、江西清江营盘里遗址、四川成都十二桥遗址以及云南剑川海门口遗址等，都有各类干栏式房屋建筑遗存。干栏式房屋建筑适合中国南方地区温暖潮湿的气候环境，通风防潮，又可防止蛇、虫等各类爬行动物进屋，还能在底层畜养家畜家禽，十分方便。古代南方各个族群多建此类房屋居住。晋代张华在其《博物志》中记载“南越巢居”，即南方越人居住在干栏式房屋中。发展到近代，南方各族群干栏式房屋的形式更加多样，分布范围也更广泛。百越系诸族、氐羌系诸族、苗蛮系诸族以及濮人系诸族，都发展出独具特色的干栏式房屋建筑，其中最具特色的有下面这些：

(1)傣族的竹楼。傣族竹楼主要分布在云南的西双版纳、德宏、思茅等地区。傣族人民利用当地盛产的竹子来建造房屋，房屋的构件基本是用竹子制造。一般用粗的竹子来做房屋的骨架，主柱用24根竹子。用竹篾笆来做墙和楼板，在屋顶铺竹瓦片和茅草。竹楼的平面呈方形，一般分为上下两层。上层住人，是整个竹楼的中心。室内布局简单，包括堂屋和卧室两部分。堂屋设在木梯进门的地方，比较开阔，一般在正中央铺着大竹席，以招待来客。堂屋内还设有火塘，在火塘上架一个三角支架，放置锅、壶等炊具，可烧饭、做菜。底层架空，高出地面若干米，潮气不易上升到室内，水也淹不到楼上，还能避免虫兽侵袭。底层主要用于饲养家禽家畜。傣家竹楼造型美观，外形像架在高柱上的大帐篷，且用各种竹料(或木料)穿斗在一起，互相牵扯，极为牢固。傣家人喜欢在竹楼周围种植凤尾竹、槟榔、芒果、香蕉等，使村寨充满诗情画意。

(2)傈僳族“千脚落地”房，流行于云南怒江、贡山等地。由于地处怒江大峡谷，山势陡峭，几乎没有平地用以建房，傈僳族人通常在斜坡或靠山处竖立几十根木桩，上铺木板或竹篾笆，双斜面屋顶上盖木板或茅草。这些木桩和房柱像千百只脚一样，支撑着整个房屋。因此，人们形象地称之为“千脚落地的房子”。这种房子一般呈长方形，分为两层，上层住人，一般分为两间，外间待客，设有火塘，火塘上安置铁三脚架，供烧饭用，内间为主人卧室及储藏粮食之用。下层饲养牲畜或堆杂物。

(3)基诺族的长房子。基诺族的长房子是典型的木结构的干栏式建筑。长房子，顾名思义，其长度都很长，在10米到50米之间不等。长房子也叫作公房，一座长房子里居住着一个父系大家庭，几代人共居，小家庭越多，房子建筑越长。据说，最大的长房子可以居住 4 代人，20 多个家庭，共 100 多人。在长房子内，进门处是象征该父系大家庭的总火塘，里面的三块锅柱石有着特殊的含义：称为“阔究”的一块代表房内的各个小家庭；称为“着漏”的一块代表大家庭长老“卓勤”；称为“导迷”的一块代表全村寨公共集体。总火塘左边第一间供有祖先灵位，右边第一间则是长老“卓勤”的居室。其余房间以辈分和长幼依次分配，后辈增多不够分配时，则在房尾部再增修。每对夫妻组成的小家庭住一个小间，拥有一个火塘，火塘修建在门口，用于做饭、取暖和夜间照明。大家庭的长老负责本家族的宗教活动与土地分配等公共事务，各个小家庭则自行耕种分配到的土地，有自己的小仓库，彼此之间经济独立，但又相互依赖。

(4)土家族吊脚楼。吊脚楼为土家人生活居住的场所，多依山而建，最基本的特点是正屋建在平实地上，厢房除一边靠在实地，和正房相连，其余三边皆悬空，靠柱子支撑。土家人的吊脚楼形式多样，包括以下几种类型：一是单吊式，这是最常见的一种形式，又称为“一头吊”或“钥匙头”，即只有正房一边(左右皆可)的厢房伸出悬空，下面用木柱支撑；二是双吊式，又称为“双头吊”或“撮箕口”，即正房的两头皆有吊出的厢房；三是四合院式，这种形式的吊脚楼是在双吊式的基础上发展起来的，即将正房两头的厢房的吊脚楼上部连成一体，形成一个四合院。土家族的吊脚楼有很多好处，既通风干燥，又能防毒蛇、野兽，楼板下还可放杂物。一般人家房屋规模为 4 排扇 3 间屋或 6 排扇 5 间屋。4 排扇 3 间屋的结构是：中间为堂屋，左右两边称为饶间，作居住、做饭之用。饶间以中柱为界分为两半，前面为火塘，后面为卧室。吊脚楼上有绕楼的曲廊，曲廊还配有栏杆。以前的吊脚楼一般以茅草或杉树皮盖顶，也有用石板盖顶的，现在的吊脚楼多用泥瓦盖顶。

二、石头类房屋建筑

西南地区以高原山地为主，具有丰富的石质资源，各族群众因地制宜、就地取材，利用各种石料来建筑房屋。石头房屋一般以石条或石块砌墙，可高可矮，一般 4～5 米高，屋顶也以薄石板覆盖，以一定的形状层层铺叠，美观大方。石头房屋不透风雨，比竹木房屋坚固，古朴自然。西南地区较为典型的石头房屋有安顺地区布依族的石板房与川西羌族的石碉楼。

(1)羌族的石碉楼。羌人的石碉楼主要分布在青藏高原的峡谷地带，那里石材丰富，居民多定居生活。这些碉楼都是石砌、依山就势而建，一般墙体瘦削，碉体高大，平均高度往往达到二三十米，普遍有 5 至 6 层，有的更多，其形如碉堡，形制多样，有四角碉、五角碉、六角碉、八角碉、十二角碉与十三角碉等。碉楼的主要材料是天然的片石，极不规则。羌人在长期的实践中，为弥补石墙体的缺陷，在砌筑过程中用平层横向加木筋的方法，以保证碉楼的整体性与安全性。普通民居的底层都用来圈养牲畜，二层以上才是人居之处。门一般开在二层，用木梯供人上下出入。二层是火塘所在处，是吃饭与会客之所，粮食库房也在二层，主人的寝室有的在二层，有的在三层。顶层是经堂，也是杂物仓库和粮食晒场，一般都建有多层照台。羌族碉楼照台的最上层是供奉神灵的地方，有神位，也有牛羊头骨架，在祈求神灵的同时，也祈求牛羊兴旺。

(2)安顺布依族的石板房。在安顺镇宁扁担山区，据《镇宁县志》记载："产石丰富，厚薄俱全。薄者瓦，厚者代砖，且价廉耐久。"居住在此区域的布依族民众，其传统房屋绝大多数为石房石墙，除檩条、椽子是木料外，其余全是石料，甚至桌、凳、灶都是石头凿的。石板房以石条或石块砌墙，墙 5～6 米高。大部分建筑都是悬山顶式，屋面均为双坡排水。布依族的有些村寨喜用裁切得比较工整的鳞状屋面板，每块石片的厚度为 2 厘米左右，高低叠压，错落有致，宛若鱼鳞；有的是形状各不相同的天然板材，铺得像瓦片一样，而又不至于叠得太厚，这正是布依族人民的智慧所在。石片在屋面形成自然的弧线，利于排水，不用像瓦片屋顶那样留出排水沟。屋脊也不用脊瓦，而是将屋面一侧的石片伸出，压住另一侧石片，再在屋脊上砌上整齐的石片。屋顶每个坡面的边缘都用较大的石板，中间部分用稍小一些的石板。这样既利于形成屋面曲线，又牢固结实，不易被风掀掉。布依族石板房多为一底两楼。底层用来饲养牲畜。一层住人，是主要的生活空间，一般是正中的明间为堂屋，左右两侧的次间的前半部分作为卧室，后半部分作为伙房。二层主要用来存储粮食。这种石板房冬暖夏凉，防潮防火。

由于石板房所用石料是浅灰白色，加工后更显洁白，所以白天看镇宁，若银光闪烁;月夜看镇宁,若凝霜盖雪。因此,古有“银镇宁”“银色镇宁”之美誉。该镇的石板房建筑,历史悠久的已有600多年,既堪称凝固的音乐,又是不朽的史诗。

相对来说,石头房屋不如竹木房屋普遍,集中分布在一些有限的区域之内。但是,由于石材较竹木更坚固耐用,价格也相对低廉,因此,对于产石区域的民众来说,石头房屋是非常流行且受欢迎的。

三、西南地区各族群部分房屋建筑举例

在西南地区,各个族群的建筑形式多样,除了普通的民居之外,还有宫殿、寺庙以及园林等等,体现出各族群的建筑工艺水平与审美水平。

(一)傣族建筑

主要生活在云南地区的傣族人民,大部分信仰南传佛教,因此,在傣族聚居的云南西双版纳和德宏等地区,佛寺、佛塔遍及傣家村寨。傣语称佛寺为“洼”。在西双版纳地区,佛寺一般建在全村风景最好的地方;而在德宏地区,佛寺一般建在村寨的中部和西头。傣族佛寺与佛塔建筑典雅柔美,充分体现了傣族人民的宗教信仰。

1.佛寺

在建筑形制上,傣族佛寺一般规模较小,由寺门、佛殿、经堂、僧舍和鼓房组成。寺门一般为牌坊式建筑,面朝东方,建于高约一米的矮墙后面,为三间两层重檐屋顶,造型和佛殿屋顶一致。檐下的木板绘有壁画。正中为大门,屋内左右两侧各有用泥塑造的巨大龙形支物“啦嘎”,为守护寺院的神兽。佛殿是整个佛寺中最主要的建筑,是供奉释迦牟尼、念经和进行重要宗教活动的地方,基本上是按东西方向布置。整个佛殿在造型上以大陡而微有曲面的重檐歇山屋顶最为突出。大殿屋脊的正中安有塔状的金属饰物,是天界的象征,屋脊两端有鸱吻。正脊和戗脊上装有火焰状和卷叶状的瓦饰。佛寺的墙壁一般高两米左右,四面通风。佛殿柱子和横梁上都涂朱红的油漆,并绘“金水”图案,是傣族佛寺特有的装饰。大殿内一般有壁画,内容多为宣传佛教教义、本生故事等,也有一些是傣族的民间传说。用色一般为单线平涂,对比强烈,画面构思自由大胆,有的整幅画根据情节的需要自

由布局，不画界线；有的用线框出来，类似连环画。

建于清朝的勐遮景真寺，又叫八角亭，是傣族佛寺中的代表作，以其优美的造型、精湛的技巧而出名。佛寺始建于清康熙四十年（1701 年），八角亭是寺内的一座附属建筑——“布苏”，是景真地区中心佛寺“瓦拉扎滩”的一个组成部分。八角亭建在山丘顶部，呈八角砖木结构。亭高 21 米，有 31 个面，墙面上 31 幅由象、狮、虎等组成的浮雕颇像一组画廊。亭外壁镶嵌着镜子和彩色玻璃，使亭子更显瑰丽。亭基之上的亭室宽 6 米，高 2.5 米，室内有 24 面墙壁，墙上用金粉绘有许多图案。亭顶为木结构呈锥形攒尖顶式的多层屋檐，12 根 10 米长的横梁撑起 10 层别致的八角形楼阁，面铺平瓦，如鱼鳞覆盖。八个亭角上都塑有金鸡、凤凰和色彩鲜艳的奇花异草。亭顶端是莲花华盖及风铃。亭室设有东、南、西、北四道门，门面上也绘有富有民族特色的图案。正门呈拱形，拱门上方设有卷龛，供奉铜质佛像一尊，两扇用红椿板制作的大门上，分别雕有傣式太阳花和双龙绞尾图案。门前有一木梯与石阶相连，两侧各立着一头雄狮和一条神龙。雄狮张牙舞爪，巨龙摇头摆尾，龙与狮的形态栩栩如生。

2. 佛塔

傣族的佛塔，有的和佛寺在一起，有的单独建塔。它们是为了安放佛的遗骨和遗迹而建造的砖砌实心塔，其造型与汉族佛塔、藏族佛塔大相径庭。基座多为折角亚字形或圆形须弥座，塔身由钟座、复钵等组成，浑厚有力，塔颈挺拔直刺蓝天，金属塔刹有如伞盖。有的由一座主塔和若干小塔组成一个塔群，形成大小、虚实的对比，别具特色。

傣族佛塔中最具有代表性的是景洪曼飞龙白塔。曼飞龙白塔，傣族又叫“塔诺”（笋塔）。据傣文经书记载，此塔建于 1204 年。该塔为梅花瓣状，由 9 座塔组成，主塔和几个小塔同建在一个塔基上，8 个小塔围绕着中心主塔，形成簇拥耸立之态，如雨后春笋般破土而出，故得名“塔诺”。塔基呈八角形须弥座，主塔高 16.29 米，塔座直径 8.6 米。塔座以上有坛台、钟座、复钵、莲花、雀苍、宝伞、风幡等。主塔形如葫芦，上有尖顶。8 个小塔似竹笋，塔形与主塔相似。这座塔的建筑风格，反映了南传佛教的艺术特点，也反映了傣族人民悠久的文化和较高的艺术水平，具有鲜明的民族特色。

（二）侗族建筑

侗族生活的地区大都处于苗岭南麓，溪流遍地，沟壑纵横。因此，侗族依山傍水修建的房屋大多为干栏式吊脚楼。他们擅长修建木石结构的房屋，鼓楼与桥梁是侗族建筑的典型代表。

1.鼓楼

鼓楼是侗寨特有的民俗建筑物，是侗寨的标志之一。鼓楼不用于居住，却是侗寨里最为雄伟华丽的建筑。在多数侗寨，房屋都围绕鼓楼来建造，犹如蜘蛛网一样，形成放射状。侗族修建鼓楼始于何时并无明文记载，世代相传的说法是：有侗族村寨时，就有鼓楼了。侗族人向来有集中居住的习惯，大的侗寨上千户人家，小的也有三五十户。侗寨鼓楼一般是按族姓建造，一个族姓一座鼓楼。如果一个寨子里姓氏多，往往会有多座鼓楼并立。

侗族鼓楼有厅堂式、干栏式、密檐式等多种，基础造型分宝塔式和殿阁式，其周边均为双数，有“四檐四角”“六檐六角”“八檐八角”之分；层数都为单数。无论何种鼓楼，一般分上、中、下三个部分。上部为顶尖部，用一根长约3米的木柱或铁柱立于顶盖中央，并套上由大到小的5至7颗陶瓷宝珠，呈葫芦形，凌空而立。顶盖是绚丽多彩的楼顶，多为伞形，有四角、六角或八角。顶盖下斜面的人字格斗拱，工艺精巧，造型别致。中部是层层叠楼，形似宝塔。楼檐一般是六角，亦有简便的四角或复杂的八角。檐角均为翘角，层层叠叠，重檐而上。从上而下，一层比一层大。下部即底部，多为正方形。整个楼身以四根粗大、笔直的长杉木为主柱，从地面直通楼顶，极为壮观，另有4～10根柱子为副柱。楼内雕塑或绘画鱼虫鸟兽，栩栩如生。

最具代表性的鼓楼有如下一些：

三宝鼓楼。三宝鼓楼位于车江乡寨头村南端，与萨玛祠、侗族长廊等形成一个整体。鼓楼建筑面积225平方米，21层，总高35.18米，占地面积8000平方米。2001年10月20日，三宝鼓楼已被吉尼斯总部以“最高、最大、楼层最多”的特点编入《吉尼斯世界纪录大全》。

车寨鼓楼。车寨鼓楼始建于清道光年间，后毁于大火，1891年重建。主楼坐北朝南，为三重檐四攒尖顶木质结构，高17米。楼顶为5级葫芦宝顶，屋面盖小青瓦，底层明间为四内柱，宽4米，廊面宽1.8米，通面阔5.58米，通进5.85米。鼓楼四周有2.2米高的青砖围墙，南面14.8米处为悬山顶墙门，高6米，墙下有铁门，门高2.9米，宽1.4米，上刻楹联：“四面河山，车江大坝三十里；万般秀色，黔省东南第一楼。”主楼额门上有横匾一块，上书“车寨鼓楼”。车寨鼓楼既有侗族鼓楼的特征，又有汉族阁楼的特色，是侗汉文化交融的最好见证。

宰荡鼓楼。宰荡鼓楼始建于清乾隆年间，原为单檐歇山顶民居式木瓦结构建筑。1929年7月，寨民集资改建为七层八角攒尖顶，楼高12米，有四方形经柱4根，每柱高8米；檐柱8根，高4米，飞檐翘角，八面玲珑。楼底层3.3米，共8面，每面宽3米，南面为大门，上为雕窗，下为裙板。底层正面中央有圆形火塘一个，直径1.8米，四周均置长凳，底层有锯齿形独木梯可登顶层。顶层为八字坡面和八角攒尖顶楼冠，有八面方格灵窗，五层如意斗拱，三层锯齿状涩木。

侗族鼓楼有许多特定的社会功能，如休息娱乐、集众议事、击鼓报信、迎宾送客、踩堂祭祖等都在这里。时代的变迁不断赋予鼓楼各种社会功能，并世代沿袭下来，逐渐丰富了鼓楼的内涵，使它成为侗族村寨不可缺少的象征。

2.风雨桥

风雨桥亦称花桥、福桥或回龙桥，以其能避风雨并装饰有彩绘而得名。风雨桥是一种集桥、廊、亭为一体的建筑，是干栏式建筑的发展及衍生，是壮侗族群的一种传统交通建筑，也是壮侗族群引以为傲的民族建筑结晶。

风雨桥通常分上、下两部分。上部包括塔、亭等，用木料筑成，采用榫卯结合的梁柱体系连成整体。廊亭木柱间设有座凳栏杆，栏外挑出一层风雨檐，既增强桥的整体美感，又保护桥面和托架。游廊上建有三层或五层的四角形或八角形桥亭三至五座。桥檐瓦梁的末端塑有丹凤朝阳、鲤鱼跳滩、坐狮含宝等。中部为桥面，采用密布式悬臂托架简支梁体系，全为木质结构，桥面铺木板。桥梁跨度一般不超过10米，以适应有限的木材长度。两旁设置栏、长凳，形成长廊式走道。石桥墩上建塔、亭，有多层，每层檐角翘起，绘凤雕龙。顶部有宝葫芦、千年鹤等吉祥物。下部是桥墩，用大青石围砌，以料石填心，呈六面形柱体，上下游均为锐角，以减少洪水的冲击。

广西三江林溪的程阳桥，可说是侗族风雨桥的代表。该桥建于1912年，是一座四孔五墩伸臂木梁桥，桥长70多米，宽约3米，高约11米，墩台上建有5座塔式桥亭和19间桥廊。其结构以桥墩、桥身为主。墩底用生松木铺垫，砌有菱形墩座，上铺数层并排巨杉圆木，再铺木板作桥面，桥面上盖瓦顶长廊桥身。长廊和楼亭的瓦檐头均有雕刻绘画，人物、山水、花、兽等色泽鲜艳，栩栩如生，是侗乡人民智慧的结晶，也是中国木建筑中的艺术珍品。

第三节　西南地区各族群建筑的特征与文化内涵

西南地区各族群的传统房屋建筑，承载着各个族群的思想观念、审美情趣、宗教信仰与生活习俗，呈现出风格各异、千差万别的姿态，各具其独有的特征。

一、建筑形式的自然性与实用性

西南地区各族群的房屋建筑是在特定的自然环境中产生并传承下来的，体现出与环境的协调。各个族群的房屋建筑在选址、布局上通常是因地制宜，使整座建筑物与外在环境巧妙地融为一体。在建筑材料上也多为就地取材，竹、木、石头等材料的运用，使得建筑物在环境中显得格外协调。这种和谐的自然美正是现代建筑所追求的返璞归真的风格。

西南地区各族群的房屋建筑还体现出实用性的特征。干栏式建筑底部架空，是为了避免潮湿、阻挡各类动物；大理地区白族民居的外墙不开窗或只开小窗，是因为大理地区四季多风；藏族、羌族的碉楼多从二楼进入，是为了御敌；等等。总之，西南地区各族群的房屋建筑，从局部到整体，几乎所有元素都有明确的目的性与实用性，少有多余的东西，反映出房屋建筑的实用性特点。

二、建筑形式的多样性

西南地区地域广阔，各个族群居住的环境具有相当大的差异，导致各个族群的传统房屋建筑在建材、建筑技术等方面呈现出多样性特征。生活在青藏高原高寒地区的藏民，为适应逐水草而居的游牧生活，传统的居所是便于拆卸、搬运并重新搭建的帐篷。西南地区以农耕为主的各族群大都选择以竹木为主要建筑材料的干栏式建筑。有少部分族群因为居住地区石料丰富而选择以石头为主要建筑材料来修建房屋，如布依族的石头房与羌族的碉楼，但是二者在造型、布置以及风格上完全不同。

三、建筑形式的相似性

西南地区各族群的传统建筑在不同地区具有不同的模式，呈现出千姿百态的状态，但在同一地区同一族群的村寨，建筑形式却保持着高度相似性。

以黔东南西江千户苗寨为代表的干栏式建筑，就是最典型的例子。在整个寨子里，所有房屋建筑都按照传统的、世代相传的既定模式建造。许多造型相似的房屋建筑，密集分布在同一山坡上，体现出独特而壮观的景象。在族群共同观念的支配下，经过长期发展而形成的西江苗寨的居住模式，代表着当地人们共同的理想建筑形式。

当然，由于不同的地形以及各个家庭的实际需要，各个族群的房屋建筑可能会演化出有差异的外在形态，但最多也只是对传统模式的某一细节做细微的改变，不会超出传统的框架结构，不会招致族人的拒绝与排斥。

四、建筑形式的稳定性

西南地区各族群房屋建筑模式的相似性与传承性，决定了其建筑形式的稳定性。西南地区很多古村落的历史可以上溯到千年以前。现代房屋建筑兴起之前，这些古老的村落在千年历史长河中，一直使用着传统的建筑材料，遵循着传统的建筑技术与建筑理念，房屋建筑呈现出长时期的稳定性，至今仍然能被大家接受和使用，其主要特征仍然保存于房屋建筑中。

例如西南地区普遍存在的干栏式建筑，其历史可追溯到很久以前。根据《岭外代答》的记载，西南地区“民编竹苫茅为两重，上以自处，下居鸡豚，谓之麻栏”。此处之麻栏，即现代人所说的干栏式建筑。直到20世纪中叶，这种建筑形式仍然是西南地区众多族群房屋建筑的主要形式。

五、民族建筑的文化内涵

西南地区各族群都有着各自的风俗习惯与族群特点，有自己独特的传统文化，其中建筑文化最能反映出各个族群的文化内涵。

（一）民族建筑与祖先崇拜和宗教信仰

西南地区各族群中，不少族群有着较为浓厚的万物有灵信仰（包括图腾崇拜）、祖先崇拜与各种宗教信仰。这些信仰，在各个族群的房屋建筑中或多或少地有所体现。

在古代人类的意识里，房屋建筑即是人类居住的地方，也是他们信奉的神灵的居所，所以房屋建筑就是人与神共居的空间。当然，在一定的住所空间内，神灵的空间一般是固定的，不会侵占人居空间，这种观念反映在房屋的装饰部分中。比如西南地区不少族群的房屋建筑中，堂屋正中靠后的墙上一般有一个神台（各个族群的称呼不一样），作为所信奉的神灵或家族祖先灵魂的栖居之所。有的神灵居住在火塘边特定的位置，有的神灵居住在房梁或屋顶，有的神灵居住在大门边，有的神灵居住在床底下，并以固定的构件依附在房屋建筑中。这些具有神圣意义的构件或装饰品，成为具有文化寓意的建筑实体。比如，水牛是苗族的图腾崇拜物之一，所以在苗族聚居区的很多房屋建筑中，堂屋大门的连楹以及门枢会做成水牛角的形状，或在屋顶两端加上水牛角式的装饰，这明显是早期图腾崇拜在房屋建筑中的体现。

房屋建筑最初是为了满足人们的居住需要而产生的。后来，各族群众逐渐在房屋建筑上附加了满足心理需要的各类构件或装饰，使其成为人神共居的空间，体现了西南地区各族群的祖先崇拜和宗教信仰。

（二）房屋建筑与人生礼仪文化

从出生到死亡，人类的大多数时间都是在户内度过的，因此，无论何种形式的房屋建筑都体现出浓厚的人生礼仪文化。

房屋建筑是婚姻家庭生活的主要载体。在历史上，西南地区各族群的个体人生仪式，几乎都是在家庭范围内完成的。这样一来，就要求房屋建筑有较大的公共活动空间来完成各类仪式。所以在西南民族地区，无论干栏式房屋建筑还是各种石头房屋建筑，都会建造一个较大的堂屋或者其他较大的公共活动区域。比如羌族房屋的起居室就比较大，一般在30～60平方米，高度达到4～5米。这么宽敞的设计，就是为了满足亲友在节日以及婚丧嫁娶等人生礼仪中聚会。

历史上，西南地区各族群在婚恋方面的限制相对较少，年轻的姑娘小伙们可以自由恋爱，房屋建筑方面也会为年轻人提供场所。比如侗族木楼的外廊很宽敞，白天可以供一大家人活动。夜间，年轻的姑娘小伙们就在这里对歌。以前，宁蒗等地的摩梭人的房屋建筑中，有专门的“姑娘房”，为青年男女的自由恋爱提供专门的场所。百越族系的某系族群还会在村头修建专门的寮房，为已出嫁但尚未落夫家的女子居住。

（三）房屋建筑与社会交往

人是群居的社会性动物，人与人之间的交流非常频繁，群体之间的交往也很密切。西南地区各族群的房屋建筑也充分考虑到社会交往的需要。

西南地区各族群的传统房屋建筑中，很多族群都会在起居室设置火塘。火塘集炊爨、取暖与照明于一体，是家庭成员议事之处，也是家庭招待宾客的主要场所，是一个家庭的活动与社会交往中心。比如，生活在西双版纳的基诺族，在中华人民共和国成立之前仍然是父系大家庭制度，所有成员都生活在一栋长房里。在长房里，会设一个长达数米、宽约一米的大火塘，里面纵向排列多个小火塘，数量与居住在长房里的小家庭一致。整个家族的公共事务都在火塘这一公共空间内完成，各个小家庭之间的交往也在公共火塘空间进行。

在西南民族地区，村寨事务和交往一般在专门的公共建筑中进行。比如，侗族的鼓楼、壮族的戏楼、土家族的摆手堂、苗族的芦笙场，等等。这类公共建筑平时是没有人居住的，专门用来聚会、议事、举行各类歌舞表演乃至村民纳凉聊天，其社会功能很多，在村寨的社会活动与社会交往中起着非常重要的作用。

（四）房屋建筑装饰与民间工艺美术

西南地区各族群的传统房屋建筑装饰体现出较为丰富的民间工艺技术。受不同的自然环境和文化传统的影响，各个族群的房屋建筑装饰有着不同的地域风格。

房屋建筑几乎每一个部件都是被装饰的对象，从门、窗、墙壁、屋檐、梁柱、屋顶到天棚、栏杆，都包括在其中。由于建筑各个部位的材质不同，性能也有差异，所以在装饰手法和题材上也较为多样化。一般情况下，屋顶的装饰主要用各种陶塑和砖瓦来拼接各种人物或动物形状，或者各种表示吉祥如意的纹样；梁柱多用彩绘；门窗多用木雕；墙面有镌刻、雕琢，也有绘画；建筑构件中相连接的部位，多刻画不同的图案纹样，如福寿纹、万字纹、云纹等。特别值得一提的是墙面装饰，往往选材广泛、自由，山水、花鸟、人物、鬼神、传说等应有尽有，体现出各个族群的传统文化内涵。

屋顶的各种动物装饰也体现出丰富的寓意。云南的一些建筑中，屋脊上有各种动物形状的装饰，如猫、狮子、老虎、豹子以及麒麟等，统称“瓦猫”。房脊的“瓦猫”可以由各种材质做成，造型或憨态可掬，或神奇诡秘，或威风凛凛。在屋顶装饰这些“瓦猫”，寄托了住户吉祥如意、健康平安的愿望。

【参考文献】

[1]罗汉田.庇荫——中国少数民族住居文化.北京：北京出版社，2000.

[2]王晓莉.中国少数民族建筑.北京：五洲传播出版社，2007.

[3]何琼.西部少数民族文化概论.北京：民族出版社，2009.

[4]（美）唐纳德·L.哈迪斯蒂.生态人类学.郭凡，邹和，译.北京：文物出版社，2002.

【思考题】

1.西南地区各族群传统房屋建筑主要有哪几种形式？

2.西南地区各族群传统房屋建筑的特点是什么？

3.举例说明西南族群传统房屋建筑所体现的族群文化内涵。

第五章　西南地区各族群的图腾文化

图腾文化是以图腾观念为核心而衍生的文化现象。图腾观念反映出古代人类丰富的想象力与创造力，并发展出图腾名称、图腾标志、图腾禁忌、图腾仪式、图腾生育信仰、图腾化身信仰、图腾圣物、图腾圣地、图腾神话、图腾艺术等相关内容，形成各具特色、绚丽多彩的图腾文化。图腾文化是人类历史上出现最早的文化现象之一，它反映出人类对自己的起源、与自然环境的关系以及不同人群之间关系的思考，值得我们进行深入的研究。

第一节　图腾、图腾崇拜及图腾文化

上古时代，先民们的生活与其周围的自然环境密切相关。当时，人类的日常生活就是与身边的动植物以及其他自然物打交道，但并不占据优势地位，加上那时的人类还不能把自身与自然物区分开来，这就是先民们对动植物或自然物加以崇拜的根源。

一、图腾释义

“图腾”一词最初的出处是美洲印第安人阿布吉洼部族语“ototeman”，意思是“他的亲族”“他们的标记”，后来演变为英语“totem”。美国人类学家摩尔根对北美印第安人部落进行过长期的调查与研究，其著作《古代社会》中关于图腾研究的大部分资料即源于在印第安部落的调查。说同一种方言的人群组成氏族，有他们的图腾。这些氏族中流传着关于本氏族的图腾传说，即他们的祖先是由动植物或无生物转化而成的男人或女人。这些动植物或无生物就成为氏族的象征。他们都相信灵魂会转移，认为自己死后将变成图腾物。

可见，原始人类把某种与自己关系密切的动物、植物或无生物当作自己的祖先或保护神，并作为自己家族或部落的标志。他们普遍相信图腾崇拜物会保护自己，而且能从图腾崇拜物那里获得超自然的力量、勇气以及技能。人们以非常尊敬的态度对待它们，不能对它们加以伤害。

汉语里本身没有图腾这个词汇。最早将图腾一词引进中国的是严复。他在翻译英国学者甄克思的《社会通诠》一书时，将英文“totem”译成“图腾”，为时人所接受并成为学术界的通用译名。严复在按语中指出，图腾是群体的标志，旨在区分群体，并提出中国古代也有与澳大利亚人和印第安人相类似的图腾现象。事实的确如此，古汉语中虽然没有图腾这个词，但是古代文献中却有大量关于图腾及图腾崇拜的记载，内容极为丰富，是我们研究古代中国神话传说与民间习俗的宝贵资料。如被称为中国传统文化四灵的“青龙、白虎、朱雀、玄武”，实际上都是中国古代不同部族的图腾。一般认为，龙是夏民族的图腾，凤是商民族的图腾。以虎为图腾的氏族就更多了。还有其他动物也成为图腾，如熊、罴、狼、豹、雕、鹰、鸢等。这些部族在民族国家形成的过程中相互融合，逐渐形成中华民族，龙也逐渐成为中华民族的图腾。所以，今天的中华民族直接以“龙的传人”而自居了。

二、图腾崇拜

图腾崇拜是在原始自然宗教基础上发展起来的一种民间信仰，是人类社会最初的信仰之一。英国著名民族学家弗雷泽曾给图腾崇拜下了这样的定义：“图腾崇拜是半社会半迷信的一种制度……根据这种制度，部落或公社被分成若干群体或氏族，每一个成员都认为自己与共同尊崇的某种自然物象——通常是动物或植物存在血缘亲属关系。这种动物、植物或无生物被称为氏族的图腾，每一个氏族成员都以不危害图腾的方式来表示对图腾的尊敬。这种对图腾的尊敬往往被解释为一种信仰，按照这种信仰，每一个氏族成员都是图腾的亲属，甚至是后代，这就是图腾制度的信仰方面。至于这一制度的社会方面，它表现在禁止同一氏族成员之间通婚，因此，他们必须在别的氏族中寻找妻子或丈夫。”

在《简明不列颠百科全书》中，图腾崇拜的定义是：相信人与某一图腾有亲缘关系，或相信一群体或个人与某一图腾有神秘关系的信仰，称为图腾崇拜。图腾崇拜有如下特点：(1)认为图腾是伴侣、亲人、保护者、祖先或帮手，有超人的能力；人们尊敬、崇拜乃至畏惧图腾；(2)用特殊的名称和徽标代表图腾；(3)崇拜者在一定程度上与图腾合而为一，或者用象征的方法表示与图腾同化；(4)规定不得屠宰、食用或接触图腾，甚至还规定回避图腾；(5)举行图腾崇拜的特殊仪式。

图腾对于氏族成员来讲是神圣的。人们相信，如果他们尊敬本氏族的图腾，就会获得来自图腾的保护与帮助，克服困难与险阻，获得利益与好处。如果氏族成员不尊敬本氏族的图腾，就会给他带来意想不到的灾难。因此，氏族成员对于本氏族的图腾总是怀有一种敬畏的心理，进而加以膜拜。由于原始人大都有万物有灵的观念，认为人死后灵魂不灭，祖先的灵魂与图腾的灵魂叠加在一起，于是图腾就成为祖先意志的物化代表，成为氏族的保护神。

古代社会，图腾崇拜的形式非常多样化。以中国为例，图腾崇拜的形式大致有以下几类：(1)以旗帜的形式出现，比如龙旗，据考证在夏代就有，一直沿用到清代。又如生活在北方草原上的突厥人以狼为图腾，典籍上对他们的狼旗多有记载；(2)以服饰的形式出现，瑶族与畲族的槃瓠崇拜，在服饰上得到很好的表现。畲族有狗头帽。瑶族的狗尾服用五色丝线或五色布装饰，以象征五彩狗毛；(3)以文身的形式出现，台湾各个族群有百步蛇化身为祖先的传说，因此以蛇为图腾，并将百步蛇身上的三角纹作为文身的主要内容，后来演变成各种曲线；(4)以舞蹈的形式出现，即装扮成图腾动物的形象而跳舞，如朝鲜族的鹤舞、汉族的龙舞和狮舞等。

三、图腾文化

以图腾与图腾崇拜为核心的图腾文化，有着极为丰富的内容。它与先民们的生产生活、社会组织、亲属制度、婚姻生活等各个方面都有紧密的联系。根据已有资料来看，图腾文化所包含的具体内容，主要有如下一些：

图腾观念。图腾观念是图腾文化中最基本、最核心的要素，又可以细分为图腾祖先观念、图腾亲属观念和图腾神观念。

图腾名称。某一氏族以某种动植物或无生物作为自己的图腾崇拜物，并以该动植物或无生物的名称作为氏族的名称。

图腾标志。氏族会以图腾崇拜物本来的形象或抽象化后的形象作为本氏族的象征或标志，以与其他氏族相区分。

图腾圣地。一般情况下，每个氏族都有自己的图腾圣地，即图腾栖息之地，也是图腾圣物的储藏之所。与图腾崇拜相关的各种仪式都会在这里举行。氏族成员会严密保护图腾圣地，禁止无关人等进出。

图腾仪式。图腾仪式指的是对图腾物进行崇拜的行为方式。图腾仪式具有神圣性，一般由专人负责。图腾仪式中最重要的是图腾祭祀仪式。

图腾禁忌。图腾禁忌也是图腾崇拜的表现之一，包括行为禁忌、饮食禁忌以及言语禁忌等。

图腾外婚。图腾外婚也可以看作图腾禁忌的一种。崇拜同一图腾的氏族成员之间严禁通婚，必须在不同图腾的群体中寻找结婚对象。图腾外婚制度，后来发展为很多民族所坚持的同姓不通婚原则。

图腾化身。氏族成员都相信，氏族的祖先是由图腾转化而来的；祖先具有化身为图腾的能力；人死后可以转化为图腾；图腾也可以化身为人，生儿育女就是图腾的转世。

图腾神话。每一个具有图腾崇拜的氏族，或多或少都有与图腾相关的神话。这些图腾神话反映了人类早期的思维方式与氏族社会历史，是图腾文化的核心要素。图腾神话一般包括创世神话、祖先恩人神话以及各类创造者神话。

图腾艺术。图腾艺术是图腾观念在民间工艺美术中的表现，形式多样，内容繁杂，包括人体装饰艺术、建筑与雕塑、图画、服饰、舞蹈与音乐等。

以上列举的仅是图腾文化的部分内容。某一氏族的图腾文化可能并不具备以上所有内容，同时，图腾文化的内容也并非一成不变。就世界上目前仍然保留图腾崇拜的族群而言，多数只保留了图腾文化中的某一部分，不同族群所保留的图腾文化内容也各不相同，呈现出多样化特征。

四、研究图腾崇拜与图腾文化的意义

图腾崇拜和图腾文化对早期人类社会及社会中的个体都有重要的意义，值得我们进行深入研究。

首先，图腾具有认同祖先和辨认族群血缘的功能。图腾崇拜的实质是对祖先的崇拜，在一定的文化圈内，相同的图腾崇拜意味着有共同的祖先。氏族的亲缘关系常常通过氏族的起源神话来体现。例如，《后汉书·南蛮西南夷列传》里记载了南蛮起源神话：

昔高辛氏有犬戎之寇，帝患其侵暴，而征伐不克。乃访募天下，有能得犬戎之将吴将军头者，购黄金千镒，邑万家，又妻以少女。时帝有畜狗，其毛五采，名曰槃瓠。下令之后，槃瓠遂衔人头造阙下，群臣怪而诊之，乃吴将军首也。帝大喜，而计槃瓠不可妻之以女，又无封爵之道，议欲有报而未知所宜。女闻之，以为帝皇下令，不可违信，因请行。帝不得已，乃以女配槃瓠。槃瓠得女，负而走入南山，止石室中。所处险绝，人迹不至。于是女解去衣裳，为仆鉴之结，着独力之衣。帝悲思之，遣使寻求，辄遇风雨震晦，使者不得进。经三年，生子一十二人，六男六女。槃瓠死后，因自相夫妻。织绩木皮，染以草实，好五色衣服。制裁皆有尾形。其母后归，以状白帝，于是使迎致诸子。衣裳班兰，语言侏离，好入山壑，不乐平旷。帝顺其意，赐以名山广泽。其后滋蔓，号曰蛮夷。

图腾的祖先与血缘辨识功能在历史发展过程中也不断发生变化。当一个氏族分裂时，图腾也随之分裂，如怒江流域傈僳族的熊氏族后来分成三个亚氏族时，其共同的熊图腾也分裂为狗熊、猪熊与大熊三个不同的图腾。当不同的氏族融合为一体时，不同的图腾也随之融合，比如中华民族的龙图腾。事实上，复合型图腾的出现，意味着人类社会早期以血缘关系为纽带的氏族集团的解体，和新的以地缘关系为纽带的民族集团的诞生。

其次，图腾作为氏族的标志，在氏族的命名，氏族成员的名字、服饰、文身等方面都有体现。在西南民族地区，图腾信仰经常通过氏族的族名体现出来。各个氏族都有自己的图腾，图腾的名字同时也是这个氏族的名字，后来逐渐发展为氏族成员的姓氏。如大理白族相信自己是金花鸡的后裔，以鸡为图腾，所以多姬、纪、奚等姓氏。以鸡命名的地方也很多，如鸡足山、上鸡邑、下鸡邑等。苗瑶各族好五色衣服，应是模仿其祖先槃瓠。

图腾是氏族的标志，具有团结氏族群体、维系氏族组织以及与其他氏族组织相区别的功能。同时，由于具有相同图腾的氏族不能通婚，图腾崇拜对推进氏族外婚制度也起着非常积极的作用。

第三，图腾作为氏族的标志，一旦确立，就会对氏族成员的心理与氏族文化产生巨大的影响。早期人类在面临强大的自然力量时，会不自觉地萌发自我认同的意识，并且把这种自我认同与自然力量联系起来，试图通过自我认同与自然的联系来加强自己的力量，图腾就在这样的联系中产生。原始人类以群居方式生存，群体意识与自然的联系便形成部落的图腾崇拜。图腾崇拜产生之后，他们便获得群体的自我认同心理。这种自我认同心理使他们产生了社会群体认同意识及相应的行为模式，以及社会生活中的禁忌意识和相应的行为模式。可以说，图腾崇拜是人类祖先的文化心理、道德标准以及社会活动心理形成的基础。

图腾崇拜与图腾文化在人类发展史上有着重要的地位，作为人类社会早期的文化现象，一直到今天仍然有所保留。我们可以通过图腾文化去了解某一个族群的起源、风俗、族群心理以及族群特点，等等。因此，对图腾文化的研究，不仅具有学术意义，还有着重要的现实意义。

第二节　西南地区各族群的图腾崇拜

中国西南地区世居族群众多，不同族群有不同的图腾崇拜物，有时同一物体又被多个族群共同崇拜；同一族群也不限于一个图腾崇拜物，可能存在多种图腾崇拜物。因此，要穷尽西南地区各族群的图腾崇拜物是不太现实的，本书只能挑选其中最具代表性的图腾崇拜物进行简述。

一、西南地区各族群的龙崇拜

在中国传统文化中，龙有着非常重要的地位。它既是汉族的图腾崇拜物，也是很多少数民族的图腾崇拜物。新石器时代的红山文化中便有各种形态的玉龙，显示出中国先民最初的龙崇拜迹象，而上古神话中与龙有关的内容就更多了，如女登感神龙而生炎帝的故事。

在汉族中，无论正史还是神话，龙的崇高地位一直存在，三皇五帝、圣人、天子都与龙有着紧密关系。秦始皇统一六国，推动神权与王权的合一，自称“皇帝”，认为自己是华夏民族信仰中的“龙”，即“真龙天子”。至此，神灵意义上的“龙”成为人间社会帝王的身份象征，帝王占据了“龙”作为图腾信仰的制高点。“龙”因此具备了神灵与人性的精神内涵。与“龙”有关的事物成为皇室的专属，皇室子孙才能称为“龙子龙孙”，百姓不能僭越。在历史发展过程中，龙崇拜逐渐渗透到政治、经济、文化等各个方面，信仰人群也从汉族扩展到周边少数民族，对人们的生产生活产生了非常重要的影响。但是，龙崇拜在中国的发展也并非一成不变，而是随着时代的变迁而变化，具有鲜明的时代特色，反映出各个时期人们对其所赋予的不同文化内涵与愿望。然而，不管形式如何变化，龙崇拜的核心却始终没有发生改变。中华民族仍然会把龙作为祥瑞的象征，仍然以“龙的传人”“龙的子孙”自居，仍然会因为这些称谓而自豪、激动。

西南地区各族群中，还有不少族群以龙为图腾崇拜物，或者有相当多的与龙有关的习俗，包括南蛮族系的苗族、瑶族等；百越族系的侗族、壮族以及布依族等；氐羌族系的藏族、普米族、白族等；濮人族系的德昂族、布朗族等。

苗族与瑶族的龙崇拜主要表现在各种与龙相关的节日及习俗上。苗族支系众多，分布广泛，不同地域与支系的苗族有着不同的节日，如湘西苗族的接龙、看龙场等节日；黔东南苗族的龙船节等节日；云南苗族的祭龙神等节日。各地苗族的节日时间不同，内容与形式也有差异，但核心内容是一致的，都是对龙的祭祀，祈望五谷丰登。瑶族与龙有关的节日包括分龙节、龙头节、龙公上天节、龙母上天节以及祭龙节等。

百越族系各个族群对龙的崇拜也主要体现在与龙有关的节日及相关习俗上，如侗族接龙节上杀牛吃肉，称为吃龙肉；壮族祭龙节杀猪祭龙，求人畜平安；布依族祭祀龙王井并取水沐浴求健康；等等。

氐羌族系诸族的龙崇拜形式更加多样化。藏族有龙舞节，在节日期间祭祀龙王并举行歌舞与体育活动。白族有送龙船节日，以祈求风调雨顺。普米族有龙潭祭，家家户户都有自己的龙潭，但不能由家庭私自祭祀，要由巫师祈祷。

从以上对西南地区各族群龙崇拜的简略叙述中,我们不难发现龙崇拜在中国社会的普遍性,其重要地位不言而喻。

二、西南地区各族群的图腾崇拜

除了共有的龙图腾崇拜之外,西南地区各族群还有各自特有的图腾崇拜。

(一)苗族的图腾崇拜

苗族历史源远流长,支系繁多,分布地域广泛,所以苗族的图腾崇拜较为复杂,崇拜对象也较多。

枫木崇拜。枫木崇拜是苗族图腾文化的典型代表之一。黔东南苗族古歌《枫木歌》对此有详细的记载,苗族的祖先姜央就是从枫树变化而来的。所以,在黔东南的苗寨中,枫木被视为苗族人的起源,受到苗族人的崇拜。黔东南的苗族还将枫木的形状作为服装与银饰的装饰图案,人们可以时刻感受到图腾的力量。

蝴蝶崇拜。苗族的蝴蝶崇拜常与枫木崇拜一起出现。苗族古歌中有很多关于蝴蝶的内容。黔东南的苗族认为,由枫木变化而来的姜央是苗族的男性祖先,而从枫木的树心生长出来的蝴蝶是苗族的女性祖先。他们亲切地把蝴蝶称为蝴蝶妈妈。

锦鸡崇拜。锦鸡是苗族人民心中的凤凰。根据黔东南苗族的民间传说,锦鸡帮助他们找到了生存的希望,因此他们对锦鸡充满感激与崇敬,将其奉为图腾加以崇拜。黔东南苗族的银饰中,女性头饰的主体一般就是锦鸡。

牛崇拜。苗族是一个农耕民族,牛在苗族文化中占据着非常重要的地位。它不仅代表耕地的力量,还与被苗族奉为祖先的蚩尤有密切关系,又是苗族人与祖先发生关系的重要媒介。苗族的各个支系都将牛奉为图腾崇拜物,都有以牛角饮酒待客的习俗。

(二)瑶族的图腾崇拜

瑶族的图腾崇拜相对单一,主要为槃瓠(犬)崇拜,他们认为槃瓠是本族群的共同始祖，自称为“十二姓尤勉”“十二姓王瑶子孙”。东汉应劭的《风俗通》最早记载了槃瓠的传说，《后汉书》将其收入《南蛮西南夷列传》。据记载，槃瓠是一只似龙非龙、似犬非犬，有着五色皮毛的龙犬，因立下战功而娶得帝女，生子十二，分赐十二姓。槃瓠死后，他们垦荒立寨，林茂粮丰，子孙繁衍，瑶族由此而发展起来。直到今天，瑶族仍然保留着有关槃瓠的传说以及祭祀槃瓠的仪式。

除此之外，瑶族先民也把牛作为图腾崇拜物。每年的立春，瑶族都要举行迎春牛、看春牛、送春牛活动。这与牛在瑶族农业生活中的重要地位相关。

（三）壮族的图腾崇拜

壮族是一个稻作民族，是以古代百越族系中的西瓯、骆越为主体发展而来的，其图腾崇拜物很多，有青蛙、水牛、鹭鸟、图额、大象、鸡、羊、狗、猴以及树、太阳、雷电等。壮族的很多图腾崇拜物都与稻作农业有关。

青蛙是壮族标志性的图腾崇拜物。据壮族民间传说，青蛙本是雷母的女儿，雷母派她们来到人间帮助人们呼唤雨水。当雷母在天上听到青蛙的鸣叫，就会降下雨水。直到今天，青蛙鸣叫预示着下雨的说法仍然在壮族村寨流行。壮族村寨在正月期间举办蛙婆节，歌颂青蛙呼唤雨水的功德，祈求风调雨顺，稻谷丰收。水牛是稻作民族重要的劳作牲畜，壮族人民对水牛有着深厚的感情，视其为勤劳与奉献的象征，在春节举行舞春牛活动，在四月初八过牛魂节，祈求六畜兴旺，农业丰收。鹭鸟是壮族人民的吉祥之鸟，有通天的本领，也是谷物丰收的象征。图额是壮族人民崇拜的水神，有保护水源、掌管江河涨落与水中生物之责。在歌圩节之夜，图额还会变成姑娘或小伙与人们对歌，一同欢乐。历史上，壮族居住地区盛产大象，被壮族先民驯服后用以耕田或征战，因而壮族人民对其倍加尊崇，视其为吉祥与幸福的象征。

（四）侗族的图腾崇拜

侗族的图腾崇拜物主要是鱼。侗族民间传说是鱼造就了侗族的祖先：古时候，有两兄妹午后在菜园里挖土，旁边池子里的鲤鱼告诉他们即将有洪水，要种葫芦造船才能得救。兄妹果真以此方法得救。后来，那条鲤鱼又让这对兄妹婚配造人。兄妹婚后生下肉团，被分成小片，一阵风过，就变成男男女女，成为侗家人的老祖宗。因此，侗家人把鱼当成自己的保护者，并尊为始祖加以崇拜。

事实上，侗家人以鱼为图腾崇拜物，与其居住环境有着紧密的联系。侗家人生活的地区江河纵横交错，盛产鱼类。鱼是侗家先民捕食的主要对象，对鱼产生特殊的感情并当成神灵加以崇拜也就不足为奇了。时至今日，侗家人的鱼崇拜仍然有所遗留。

侗族还崇拜牛，有专门的祭牛神的节日。每年农历四月初八或六月六，会让牛休息，并将鸡、鸭等祭品摆放在牛圈边，有的地方还会特别做黑糯米饭给牛吃。

（五）傣族的图腾崇拜

傣族的图腾崇拜物也较多，包括蛇、鸟、象、狗、牛、狮等。傣文文献《泐西双邦》开篇就提到一位人身蛇尾的勐神。传说这位勐神是名叫召法龙磨罕的勐泐王变的，他想长生不老，吃下了神药，结果上半身是一个年轻貌美的男子，下半身却是一条大蛇的尾巴。这个传说在西双版纳地区广为流传。他至今被奉为神灵，有专门的神宫，每年傣历一月和八月各祭祀一次。在傣族农村里，如果谷仓进蛇，主人既不打也不赶，他们认为蛇能给家庭带来丰衣足食的好运。

傣族有关鸟的神话传说中，主角均为人面鸟身。傣族地区的孔雀舞均为人面鸟身的装扮，脍炙人口的《孔雀公主》更是享誉国内外。《鸟姑娘和猎人》《雀姑娘》等传说，皆为猎手与鸟姑娘结婚繁衍子孙的故事。傣族在现实生活中普遍有敬鸟爱鸟的习俗，这是远古鸟图腾崇拜的遗迹。

傣族民间传说与傣文抄本都有神象的女儿的故事，其大意为：猎人的女儿误饮神象的尿后怀孕生女，长大后进山寻父成功，受到神象父亲的祝福。后来，神象的女儿与一个年轻猎人成婚，神象赐予他们一支装满珍宝的大象牙，夫妻双双返回坝子伺候母亲。《傣族文学简史》在论及该传说时，指出它“几乎家喻户晓，成了象壁画、象织锦、象舞蹈、象音乐、象雕塑等艺术领域的创作源泉”。在现实生活中，傣族人民对大象普遍怀有敬畏之情，在祭坛上多有象神，视其为勐神之一。

（六）藏族的图腾崇拜

藏族先民的图腾崇拜物为主要有牦牛、猕猴、山、水等。

牦牛崇拜在藏区很普遍。藏民把牦牛的头骨、牛角作为灵物嵌在墙上或放在屋顶加以供奉，寺院、玛尼堆上供奉的牦牛头还会刻上经文。藏历十一月十三日为嘉绒藏人祖先各尔东爷爷的生日，每逢此时，嘉绒藏区的土司、土官以及头人都要用面做一个1米高的牛首人身像供奉在家中神主位置上。

猕猴崇拜与藏族关于猕猴变人的传说相关，《王统世系明鉴》里也有藏族起源于猕猴的记载，大意是有一只受观世音菩萨点化的猕猴在山岩上修行时，被一罗刹女纠缠，后经观世音菩萨同意而结为夫妇，生了六只小猴，后来繁衍为人类。

藏族居住在青藏高原，到处是山，山也成为他们的图腾崇拜物之一。藏族的山神很多，大山有大山神，小山有小山神，各有势力范围。最著名的山神有四个，即雅拉香波、库拉日杰、念青唐拉以及沃德巩甲。

水也是藏族重要的图腾崇拜物之一。在除夕前一天的傍晚，藏族各家各户都要把脏水往西边倒掉，表示把不利于人身体健康的东西随着太阳落山而丢掉，以求人丁兴旺。年初一的早晨，每家的主人争先恐后地去背“吉祥水”，越早越好，以求全家吉祥、健康长寿。

（七）彝族的图腾崇拜

彝族的图腾崇拜也具有多样性，其中最普遍的崇拜物为虎、火、葫芦、竹、树等。

彝族普遍自称为“罗罗”，族称为罗族或虎族。彝族的很多神话传说都有女祖先与虎结合的故事，所以他们相信虎是彝族人的祖先。云南楚雄地区的彝族有虎舞；哀牢山一带的彝族普遍崇拜母虎，在山神庙中绘制虎头壁画。《西南彝志》中的“乐尼伯”是彝族六祖分支之地，“乐尼伯”意思即为“虎居山”；彝族的占星历书《母虎历书》也反映了“虎是万能的天神”的观念。

凉山彝人认为锅灶是火神的居所，严禁踩踏或跨越，而且每年农历六月二十四日过火把节，以驱逐村里的邪魔恶鬼。传说很久以前，有个名叫斯热阿比的凶神，奉天主之命，经常欺压百姓。一个名叫阿提拉巴的彝族英雄和这位凶神打了九天九夜，才将凶神杀死。天主知道后大怒，就放下天虫来吃庄稼。那时正是各种庄稼结实之时，彝人便想出举火把烧天虫的对策。这种活动年复一年传下来，最终成为彝族人民最重要的节日。

葫芦崇拜广泛存在于彝族聚居区。滇西南地区的彝族视葫芦为祖灵，把葫芦当成生育神；红河、新平的彝族把葫芦视为老祖公；在哀牢山区的彝语中，祖先和葫芦共用同一个词“阿普”，还有供奉“祖灵葫芦”的习俗；等等。

各个地区的彝族都存在以竹根为祖灵的崇拜现象。《阿霹剁·洪水和人类的祖先》中记载了彝族先民把野毛竹当祖灵牌来供奉的故事。贵州彝族有竹筒里爆出小孩，其后代繁衍成白彝、红彝、青彝的神话故事。彝族相信自己的祖先源于竹子，人死后还要再度化为竹子。川、滇、黔、桂四省彝族做祖灵牌时，都离不开竹。

部分地区的彝族崇拜松树或栗树，他们以松树或栗树为始祖，认为自己与它们有血缘关系。在云南澄江，彝族村庄都有一片神圣的山林，林木主要为松树或栗树。每年农历三月三十日，十二岁以上的男性都会在长老的带领下到林中祈福、祭祀。

（八）羌族的图腾崇拜

羌族的图腾崇拜遗留到今天的主要是羊图腾崇拜。建立西夏王朝的党项人是古羌人的一支，曾修建忠武王庙（俗名土主庙）供奉齐忠武王李彦宗，据文献记载，内塑神像为羊首人身，反映出羌族羊图腾崇拜的历史痕迹。近年来，在川西茂县营盘山出土的石棺葬墓中，均发现羊骨，显示出羌族和羊的密切关系。如今，生活在岷江上游的羌族仍然与羊有着深厚的情感。在日常生活中，人们喜欢养羊，穿羊皮，制作羊毛线；祭祀活动中，常用羊作祭品，释比要戴上有两只角的羊皮帽，法器也是与羊有关的羊皮鼓、羊角卦等。

羌族的图腾崇拜物除了羊以外，还有白石、火、树等。在羌族的神话传说中，火神蒙格西爱上了羌族女酋长勿巴吉，后来二人结婚并生子热比娃。他到天庭取火，火神给了他两块白石，教他击石取火，人们才有了火。羌族因此奉白石为神，有了白石崇拜，而每家的火塘就是火神在人间的居所。

（九）白族的图腾崇拜

金鸡是大理白族的主要图腾崇拜物。根据勒墨人（白族的一支）的传说，他们的祖先是从金花鸡的蛋里孵化出来的，所以白族先民把鸡当作自己的祖先，并以鸡为姓，演化出姬、纪、金等姓氏。大理地区自古多水患，白族先民认为水患的罪魁祸首是黑龙，黑龙形似蜈蚣，而金鸡是蜈蚣的克星。白族神话故事《金鸡斗黑龙》把金鸡当成寻找日月星辰与战胜黑龙的英雄。白族先民的金鸡崇拜在大理地区仍然有所遗存：大理三月街民族节的节徽图案就是一只振翅欲飞的雄鸡；在当代白族的婚礼仪式中，公鸡是每一环节都不可缺少之物；用大公鸡敬奉诸神，如开山取石时用公鸡祭山神，修建房屋时用公鸡敬木神，等等。

此外，虎也是白族先民的图腾物。传说很久以前，有一位漂亮的白族姑娘梦与虎交，醒后便身怀有孕，生下一男孩。孩子无父，便以虎为姓，取名罗尚才（白族语“罗”即为“虎”）。男孩长大后，化为白虎进入山林，为白族人提供保护。

（十）土家族的图腾崇拜

土家族先民巴人的图腾崇拜物是蛇。这与巴人的居住地有着很大的关系。土家族先民居住的地区包括今天的大巴山、巫山以及武陵山区，属于亚热带季风气候，温暖潮湿，到处森林覆盖，非常适合蛇的生存。有学者指出，今天的大巴山其实就是古之蛇山的意思。[①]《山海经》中也有很多关于巴地产蛇的记载。因此，土家族先民把生活环境中随处可见的蛇视为自己的祖先而加以崇拜，形成了巴人的蛇图腾崇拜。

发展到廪君时期，巴人开始进入父系氏族社会，其图腾崇拜物也发生了变化，开始以虎为部落图腾。《后汉书·南蛮西南夷列传》对此有记载：

巴郡南郡蛮，本有五姓：巴氏、樊氏、瞫氏、相氏、郑氏。皆出于武落钟离山。其山有赤、黑二穴，巴氏之子生于赤穴，四姓之子皆生黑穴。未有君长，俱事鬼神，乃共掷剑于石穴，约能中者，奉以为君。巴氏子务相乃独中之，众皆叹。又令各乘土船，约能浮者，当以为君。余姓悉沉，唯务相独浮。因共立之，是为廪君。乃乘土船，从夷水至盐阳。盐水有神女，谓廪君曰：“此地广大，鱼盐所出，愿留共居。”廪君不许。盐神暮辄来取宿，旦即化为虫，与诸虫群飞，掩蔽日光，天地晦冥。积十余日，廪君伺其便，因射杀之，天乃开明。廪君于是君乎夷城，四姓皆臣之。廪君死，魂魄世为白虎。巴氏以虎饮人血，遂以人祠焉。[②]

① 邓少琴.巴蜀史迹探索.成都：四川人民出版社，1983

② 范晔.后汉书.北京：中华书局，1973.

在土家人心中，白虎是力量和勇气的象征。土家族崇拜并模仿白虎，形成勇敢尚武的族群精神，至今仍然激励着广大土家民众。

（十一）佤族的图腾崇拜

佤族先民以牛为图腾崇拜物。牛在佤族人心中是神圣、吉祥与高贵的象征。在佤族的创世史诗《司岗里》和神话传说《达惹嘎木》中，都讲述了牛是人类始祖的故事。在民间传说中，牛也被认为是佤族的救命恩人。很久以前，有一对青年男女在公明山上放牛，突遇大洪水，其他人都被淹死了，只有这对青年骑在牛背上得以幸存。后来，这对年轻男女成婚并生儿育女，就是佤族人的祖先。因此，牛就成为佤族人的救命恩人。从那以后，佤族人逢年过节都要祭拜水牛。

距今 3000 多年的沧源崖画，描绘了非常多的牛图像，包括牵牛、骑牛、斗牛、剽牛等，还有化妆的牛角舞、手持牛角的人等画像，可见牛在佤族先民生活中的重要性。至今，佤族人的村寨中央都有一座建有“丫”形牛角桩的土台，男女服饰上仍然有牛头纹图案，仍然保持着剽牛的习俗，这些都是佤族先民牛崇拜的遗留。

（十二）德昂族的图腾崇拜

德昂族先民认为人类起源于植物，而茶树就是创造生命的源泉。德昂族创世史诗《达古达楞格莱标》中，讲述了这样一个故事：女主人亚楞本是天上的茶树精灵下凡，她的腰间永远佩戴着一只七彩花环似的腰箍。阿哥达楞紧紧地挽住她的腰箍，使她无法飞身返回天庭，最终永远留在大地，并与达楞结为夫妇，成为德昂人的祖先。

如今德昂族女子服饰上的腰箍，仍然保留着茶崇拜的遗风。在德昂族人生礼仪的各个环节，茶都是不可或缺的，从出生茶、成年茶、恋爱茶、定亲茶、成亲茶、敬老茶、和睦茶、集会茶到各种祭祀茶，茶俗伴随着德昂人的整个生命历程。

【参考文献】

[1]何星亮.中国图腾文化.北京:中国社会科学出版社,1992.

[2]杨俊峰.图腾崇拜文化.北京:大众文艺出版社,2000.

[3]何琼.西部少数民族文化概论.北京:民族出版社,2009.

[4](美)摩尔根.古代社会.杨东莼,马雍,马巨,译.北京:商务印书馆,1997.

[5](奥)西格蒙德·弗洛伊德.图腾与禁忌.赵立玮,译.上海:上海文艺出版社,2005.

【思考题】

1.何为图腾?图腾文化包含哪些内容?

2.举例说明西南地区各族群有哪些图腾崇拜物及其表现形式。

第六章 西南地区各族群的人生礼仪文化

人类的社会关系中，最基本的是物质的生产关系和人类自身的再生产关系。前者解决人的衣食住行，后者则解决种族的延续和繁衍。婚姻家庭作为一种社会现象，是不断发展变化的，不同族群形成了各具特色的恋爱、婚姻、家庭制度。在中华人民共和国成立前，西南地区的社会生产力水平差异极大，各个族群的经济发展程度处于不同阶段，不同的生产方式造就了各族群不同的婚姻制度和家庭形态，与之相关的人生礼仪文化也呈现出不同的特点。

第一节 西南地区各族群的婚恋与家庭模式

一、西南地区各族群的自由婚恋模式

恋爱作为一种社会行为，既有以异性间的相互吸引为核心的自然属性，也有意识取向的社会属性。对于西南地区各族群的婚恋情况，多数学者认为，自由婚恋是西南地区各族群婚恋生活的主流，同时也存在以“姑舅表婚”为代表的不自由婚姻形态。

（一）婚前的恋爱自由

汉文典籍中记载的西南地区各族群婚恋较为自由，“不凭媒妁，止以曾经一言议及，即称曰‘放话’，执为左券者”，“土司地处万山之中，凡耕做出入，男女同行，无拘亲疏，道路相遇，不分男女，以歌为奸淫之媒，虽亲夫当

前，无所畏避”。以山歌为恋爱之媒，是西南地区各族群的传统。以土家族为例，流传至今的不少山歌就反映了历史上土家青年男女自由恋爱的情况：“大山砍材不用刀，大河挑水不用瓢，好姐不用媒来讲，山歌搭起五彩桥”，“口唱山歌心有情，对歌小郎细细听，小郎若有真情意，就请山歌做媒人”。通过山歌的应对答合寻找中意的对象，是青年男女的自由选择之一。

（二）婚姻不幸时的离异自由

西南地区各族群青年男女在选择结婚对象时是自由的。在婚姻遭遇不幸时，也有离异的自由："旧日土民妇女，以夫家贫寒，或以口角细故，背夫逃回。而女家父兄不加训诫，以女为是，收留经年累月，纵其所为，甚至背义毁盟，妄称改嫁。"这里，我们且不论女性以何种原因离开夫家，也不问其离开经历了多少曲折，至少她们拥有离开的权利，还可以得到娘家父兄的支持。这与同时期汉族社会只许夫休妻而不准妻休夫的婚姻状态有很大的区别，也是西南地区各族群婚恋自由的表现之一。

（三）再婚不守贞的自由

西南地区各族群的婚恋自由还表现在再婚的自由，尤其是女性再婚的自由。当已婚女性的丈夫因各种原因离世后，她们没有为其守贞的义务，而拥有再婚的自由。“民间伦理乖违，夫妇尤甚。孀妇改适，视为常道，通省皆然。边方更滥，有夫未死即再嫁者；有夫病笃即谋嫁者；有齿近半百子已娶妇而不安其室者；有夫残废而别招夫以同室者；有以孀妇为奇货图婚赀，翁姑伯叔父母兄弟各有所许而争夺兴讼者……”一旦丈夫死亡，女性就可以再婚，以追求自己新的幸福，不受时间及礼教的限制。

（四）不落夫家的自由

不落夫家，又称“坐家”“不落家”或“长住娘家”，即男女结婚后新娘不落夫家，而是仍在娘家居住，一直等到怀孕或生育之后，才到夫家居住。西南地区存在不落夫家现象的族群很多，分布极广，包括黎、布依、壮、侗、水、仡佬、仫佬、毛南、苗、瑶、羌、门巴、彝、藏、普米、纳西、傈僳、哈尼、景颇、阿昌、布朗等族。[①]

存在不落夫家婚俗的族群大多数盛行早婚，一些族群 18 岁尚未结婚的

① 王承权．中国各民族不落夫家婚俗的比较研究．民族研究，1993（6）．

女子被视为“老姑娘”，很难嫁个好人家了。也有例外的情况，如藏族、纳西族女子一般要等到20岁以上才结婚。实行早婚的各族女子，婚后在娘家待的时间也长短不一，短则几天或几月，长则十几二十年，甚至终生不落夫家。坐家时间的长短很大程度上受到夫妻感情与女子年龄大小的影响。一般来说，夫妻感情好的时间短，感情差的时间长；女方年龄大的“坐家”时间短，早婚的则时间长。

（五）自由的“阿注婚”

摩梭人居住在云南宁蒗彝族自治县和四川盐源县交界地带。摩梭人的婚恋关系仍然保留着传统的阿注婚，因建立这种关系的双方彼此互称“阿注”而得名（也叫“走婚”“走访婚”“阿夏婚”等等）。

关于“阿注婚”的最早记述可见于《马可波罗游记》：“此州有一种风俗而涉及其妻女者，兹为君等述之。设有一外人或任何人奸其妻女、其姊妹或其家之其他妇女者，居民不以为耻，反视与外人奸宿后之妇女为可贵。以为如是其神道偶像将必降福，所以居民情愿听其妇女与外人交。”又说外人到来时，主人要“善为款待”，然后远避荒野，任凭外人随心所欲，并在房门外悬其帽或其他标识，取“请勿打扰”之意，标识不取，家人不得回家。此种风俗全州流行。

民国时期，摩梭人还保留着走婚的习俗。“永宁吕喜民族为母系传统社会，男大不婚，女大不嫁。他们的家庭组织，只有母亲，没有父亲。家庭经济权操于妇女手中，只有女子才有遗产继承权。永宁婚姻形式叫作‘欧休’，男女‘欧休’可以一起过性生活，亲戚邻友都认为是正当合理的。男的在夜晚去女家，次早返回，但不得擅领其女阿注为自己的妻室，所生儿女不属于男方，无亲属关系，也不必负担养儿育女的职责。‘欧休’关系是纯洁天真的，纯粹自由的，他们自定情之后，相互之间只有精神上的联系，并无物质上的享受，所以无形之中避免了许多纠纷，家庭十分和乐幸福，无夫妇争吵之事件，无父子争斗之情形，无妯娌失和之仇怨，无婆媳不睦之担忧。而母女之爱相当永久。‘欧休’关系有和则留、不合则去之自由，去之就之，毫无问题。出家的喇嘛亦可建立‘欧休’关系，是宗教法所不禁的。”[①]由以上所述，我们

---

① 云南省编辑组. 纳西族社会历史调查（二）（修订本）. 北京：民族出版社，2009.

可以看到阿注婚的特点是相恋的男女不组建家庭，没有共同的经济生活，故而婚姻关系极不稳定，长则数年，短则数天。阿注婚对男女双方都没有约束力，任何一方都有随时终止关系的权利，只要男方不去访宿或女方拒绝接纳，就算阿注关系终止。阿注婚为人类学、民族学、社会学等学科提供了十分宝贵的活资料。

（六）西南地区各族群婚恋自由的原因

西南地区各族群大多居住在山地，其生产生活方式为青年男女的自由恋爱提供了广阔的天地。由于生产力的低下，西南地区各族群的女性一般都需要参与户外的生产活动，比如打柴、挑水、放牧等。在共同的生产活动中，在互助的劳作模式中，青年男女互生情愫是很正常的事情。另外，西南地区族群众多，节日活动丰富，这些节日大多是娱乐性、社交性节日，以对歌、跳舞、交游、择偶为重要内容。以云南地区为例，各个族群的代表性节日就很多，如彝族的火把节、赛衣节；白族的大理三月街、青姑娘节、火把节、石宝山歌会；傣族的泼水节、送龙节；哈尼族的阿玛突、苦扎扎、里玛主节、姑娘节、祭龙日/新米节；苗族的花山节；傈僳族的澡堂会；纳西族的米拉会/棒棒会、三多节；拉祜族的库扎；佤族的拉木鼓节；布朗族的冈永节；独龙族的卡雀哇；景颇族的目瑙纵歌；怒族的鲜花节；阿昌族的会街节；普米族的大年节、转山会；藏族的藏历年、花儿会；基诺族的特懋克节；瑶族的盘王节、歌堂节、姑娘节；壮族的陇端节、六郎节；布依族的跳月节、跳花会；德昂族的泼水节；等等。

在众多的节日活动中，一些节日最初是专门为青年男女的恋爱而设置的，如白族青姑娘节和石宝山歌会、哈尼族姑娘节、苗族花山节、瑶族歌堂节与姑娘节、布依族跳月节与跳花会等。在这些节日中，各族群的青年男女以聊天、对歌、跳舞、游戏等方式寻找自己的意中人，一旦确定即可告知双方父母，经过一定的仪式后结为夫妇。也有一些青年男女在这些节日活动中相遇相知后，采用私奔的方式结为夫妇，成为事实上的婚姻关系。这些节日活动为原本分散居住在不同山寨里的青年男女提供了见面交流并进而成为恋人的机会，在整个恋爱过程中，几乎都是男女双方的自由选择，没有外来压力，体现出西南地区各族群在婚恋方式上相对自由与开放的一面。

二、西南地区各族群不自由的婚恋模式

到中华人民共和国成立之初，我国西南地区各族群大多已实行一夫一妻的婚姻制度，但许多古老的婚制在一些地区还有所保留。虽然西南地区各族群在恋爱方面相对自由开放，但婚姻的缔结也要遵循一些传统的规定，并经过父母乃至舅舅的同意方可达成，这些都是西南地区各族群中不自由的婚恋模式的表现。

（一）抢婚

抢婚又称掠夺婚、抢夺婚、偷姑娘、抢妻、抢亲等等，文献里也有夺室、夺亲、劫亲等说法。这是一种纠集众人以“掠夺”的形式来达成的婚姻方式，是指男方未经女方父母和亲属同意，采取劫掠的方式强娶女子成婚的嫁娶方式。

抢婚在我国的文献中多有记载。最早的记录可以追溯到商周时期，《周易》中有：“贲如皤如，白马翰如，匪寇，婚媾”，“屯如邅如，乘马班如，匪寇，婚媾”。晚唐著名志怪小说家段成式在其所著《酉阳杂俎》中记载：“婿拜阁日，妇家亲宾妇女毕集，各以杖打婿为戏乐，至有大委顿者。”这段话说的就是以竹杖打婿为戏，与抢婚风俗密切相关，因为新郎抢走新娘，故而成为女方亲友责打的对象。而责打的对象往往也会从新郎扩大到他的朋友身上。宋代诗人陆游也记载过抢婚现象：“原沅进靖州蛮……嫁娶先密约，乃伺女于路，劫缚以归，亦忿争叫号求救，其实皆伪也。”可以看出，此时的抢婚是男女双方的预谋。

清代陈鼎在《黔游记》及《滇黔土司婚礼记》中详细地记载了苗族、仡佬族、布衣族、彝族等的风俗：“跳月为婚者，元夕立标于野，大会男女。男吹芦笙于前，女振金铎于后，盘旋跳舞，各有行列。讴歌互答，有洽于心即奔之。越日送归母家，然后遣媒妁请聘价焉。既成，则男就于女。必生子然后归夫家。《周礼》：暮春之月，大会男女，过时者，奔之勿禁，不及时者勿许。”从这段记载中可见当时青年男女自由恋爱的场景，并说明婚姻的风俗：媒妁请聘，得到女方父母的认可后，两人即算正式成亲。生育前夫从妻居，生育后，妻从夫居。

西南地区很多族群的语言中也反映出古代抢婚的遗俗。如傣语结婚“纳哨奔”直译为“偷姑娘”；景颇族载瓦语中有“迷考”“迷鲁”和“迷确”，意思分别为“偷妻子”“抢妻子”和“娶妻子”。可见，在这些族群中，抢婚在历史上是非常普遍的。发展到后来，它只是作为一种习俗流传，没有了强迫顺从的意思，男女双方自由恋爱，以“抢”的形式来完成婚姻，为婚礼增添了很多乐趣。

（二）姑舅表婚

姑舅表婚是一种近亲婚配方式，就是姑与舅的子女以及姑与姑的子女互相婚配，亦称“交错从表婚”“交表婚”。在古代，不少族群认为，姑舅联姻是“亲上加亲”，可以使本族的财产不外流。中华人民共和国成立前，“姑舅表婚”在西南各个族群中都较为常见，如佤族、景颇族、侗族、瑶族、苗族、彝族、门巴族、珞巴族、白族、阿昌族、怒族、回族、布依族、毛南族、土家族等等。这种亲上加亲的姑舅表婚，主要有以下几种方式：一种是“侄女赶姑妈”，就是舅舅家的女子优先嫁给姑姑家的儿子；一种是“还骨种”，就是是舅舅家有优先娶姑妈家女儿做儿媳的权利；一种是几个姑妈的子女相互婚配。其中，最主要的还是姑舅婚，即“还骨种”婚，在西南地区各族群中非常普遍。

“土司旧例，凡姑氏之女必嫁舅氏之子，名曰‘骨种’。无论年之大小，竟有姑家之女年长十余岁，必待舅氏之子成立婚配”，[①]“永顺土人陋习，凡姊妹出嫁于人，所生外甥女长成，其母舅人等，必索取骨种，或银钱、布匹，或牲畜、米谷，以餍其欲，然后许嫁。如或力不能备，必准算一女与母舅之子为婚，且不论年龄是否相当，以致有男小女大、男大女小不相匹配者”，“古俗生女，先尽舅家定亲，有‘舅家要，隔山叫’之语。女若别嫁，未归舅家，舅家要扛谷种钱文”，此处“谷种”应为“骨种”之误。“骨种”强调的是妇女与娘舅家的血缘关系，“还骨种”就是要使出嫁姐妹的“骨血”通过回嫁女儿给娘家兄弟之子得以回归。如果女儿没有嫁给舅家之子，则必须给予舅家一定的物质补偿，否则，女性是不能顺利地与他人成亲的。

（三）“坐床”与“填房”婚

这两种婚姻形式在西南地区各族群中也曾普遍存在。“兄亡收嫂，弟亡

① 参见同治《永顺县志》卷六《风土志·风俗》。

收弟媳,谓之'坐床'","永顺土民向来陋俗,每有兄纳弟妻,弟配兄嫂及婚娶同族兄弟伯叔妻之事,名曰'转房'"。这些记载反映的事实是:一旦丈夫身亡,妻子一般会再嫁给亡夫未婚的兄弟。与此相对应的是"填房"婚,即"姐死妹填房",妻子一旦身亡,丈夫有娶亡妻同辈姐妹为妻的权利。在羁縻及土司时期的土家族区域,"姐死妹填房"还衍生出了丈夫与妻子娘家嫂子的关系。如土家族巫师做法事时所唱的《梯玛歌》中,就有"行亲要行两姑嫂,行了姑姑又行嫂。花儿谢了有苞苞,妹妹去了有嫂嫂"等歌词,反映的就是是同辈妇女共夫的婚姻现象。

无论"坐床"还是"填房",其中牵涉的女性都是被动的。失去丈夫的妻子没有自主再嫁的权利,只能按照约定俗成的惯例,继续留在亡夫家族内部,成为亡夫家族内另一男子的妻子;妻子去世,其未婚的妹妹有嫁给姐夫的义务,而没有反抗的权利。这类婚姻中的女性,其身份是不自由的。

西南地区各族群女性的再嫁,除了受"坐床""填房"习俗的限制外,还受各种社会关系的影响。与之相关的各色人等,包括娘家、亡夫家的父母兄弟、翁姑子侄,为了利益关系而各自打算,"孀妇出嫁,赀以百金计,故利其再醮者,则有逼嫁、争聘、抢亲之讼。甚至结褵在室,诱而夺之,此愚民无知之习也",其中的女性往往成为各种势力争夺的牺牲品,根本没有自由选择的权利。与此类似,女子许婚未嫁而夫死,再择夫婿时,亦必须征得"亡夫"家族的同意,"女子未嫁夫夭,母家即别择婿,婿备酒肉往前婿家,曰启媒,否则成讼",这些都显示出西南地区各族群婚恋关系中不自由的因素。

三、西南地区各族群的家庭文化

家庭是在婚姻关系和血缘关系基础上产生的亲属之间所构成的社会生活单位。婚姻的缔结是产生家庭的前提,家庭是婚姻缔结的自然结果。男女双方缔结婚姻后形成的夫妻关系就是最初的家庭关系,继而产生出父母子女、兄弟姊妹等其他共同生活的亲属之间的关系。在我国西南地区各族群中,大多数家庭实行的是一夫一妻的婚姻制度,产生的是以夫妻关系为核心的个体小家庭。在历史上,也存在一些特殊的家庭制度。

(一)摩梭人的母系家庭制度

摩梭人母系家庭是历史时期云南省宁蒗县永宁地区摩梭人的一种母权

制家庭形式。每个母系家庭是一个独立的生产与消费单位，由年长的女性担任家长。户均人口七八人，多数包括2～4代成员。家庭成员基本上实行具有初期对偶婚特点的阿注婚姻制度。

建立阿注婚姻关系的男女双方互称阿注，结合自愿，解除自由，方式简便；双方各居母家，属于两个家庭，处于不同的经济单位，男方夜居女家，白天在母亲家与母家成员一起生产和生活，婚姻双方在经济上没有必然联系；偶居期所生子女归女方所有，随母居，由女方单方面负责全部教养工作，子女有的只知其母，不知生父；行亲族外婚制，即同一个女性祖先的后代，兄弟和姐妹或上下辈男女之间，都不能通婚。

（二）基诺族的父系制大家庭

在历史时期，生活在云南西双版纳地区的基诺族曾经存在过父系大家庭模式，即一个男性祖先的后代世代居住在一起而形成的大家庭。有的父系大家庭规模很大，人口多达百余人，共同居住在基诺族特有的长房子中。家庭中最年长的男性成为家长。

基诺族父系大家庭的产生与其特殊的家庭法则有很大的关系。在历史时期，基诺族村寨传承着祖先的规矩，即父母死前兄弟不能分家，以保证家族血缘关系的延续以及家庭财产的积累，从而有利于整个家族的生存与发展。这样，无论家中有多少兄弟，只要父母还在，就不能分家单过，从而形成几代同堂的父系大家庭。结婚了的儿子们在长房子中有自己独立的一间居室，未婚的子女随父母同住一间。在这样的大家庭中，土地与财产都是共有的，大家共同劳动、共同消费，个人私有的仅是自己的衣物及常用的生产工具。

如果父母去世，兄弟分家时，长子留居祖屋不可搬出，其余诸子可以分出自居，也可以仍然留在祖屋。大家庭的财产按人数平均分，分出自居者带走自己的那一份。女儿一般不参与财产的分配，但在出嫁时可获得一份嫁妆。

（三）一夫多妻或一妻多夫家庭

历史上，西南地区各族群中，除了典型的一夫一妻制小家庭外，有的族群还存在着一夫多妻或一妻多夫的家庭模式。

在历史上，藏区贵族阶层的一夫多妻家庭很多。部分平民也实行一夫多妻。这种家庭一般都是丈夫娶妻后，与妻子的妹妹们同居，形成事实上的夫妻关系，即姊妹共夫。各个姊妹间的地位是平等的，无妻妾之分。

藏区也有一妻多夫的家庭形式。这种家庭一般都是哥哥先娶妻，弟弟们长大后也与哥哥的妻子同居，即事实上的兄弟共妻。这种家庭模式在平民中多见，目的是不让家庭财产因为兄弟分别娶妻后分家而减少。

第二节　西南地区各族群的婚姻家庭习俗

在历史发展进程中，西南地区各族群根据自身的具体情况，形成了形态各异的婚姻家庭习俗，以下仅举数例加以展现。

一、苗族的婚姻家庭习俗

历史时期，苗族青年男女享有比较充分的社交自由，一般到了十五六岁即可走访异性，俗称“走姑娘”“串姑娘”“游方”或“行歌坐月”。农闲时节的火塘相会，年节的歌场、芦笙会，农业生产中的男女结伙互助，都为青年提供了谈情说爱的机会。

苗族未婚男女虽恋爱自由，但要谈婚论嫁，一般要征得父母的同意。生辰八字是否相合是能否缔结婚姻的一个重要因素。例如，在属相上的婚配禁忌就有如下：“猴配羊，好不长”，属猴的不能与属羊的婚配；“马狠不过虎”，属马的男性不能娶属虎的女性；“龙见虎，眼睛鼓”，属龙的和属虎的不能婚配；等等。除此之外，苗族缔结婚姻还有其他一些限制条件，如同宗（姓）不婚、姨表不婚等，但对于家族内部禁婚，各地宽严不一。有同姓完全禁婚的（这里的同姓是指苗姓而非汉姓），也有九服、七服、五服之内禁婚的。例如贵州黔东南凯里的杨姓苗族，其苗姓“稿哪”家族可与苗姓“稿鸟”家族通婚，而松桃欧、贺两汉姓苗族，同属苗姓“吉学”，不能通婚。

苗族婚期一般会选在春节期间，巫师根据男女八字算定吉日良辰。聘礼多寡，各地不一。苗族有薄聘之俗，具体数目由婚嫁两家商定。结婚办酒是苗族的风俗，而且男女双方都非常重视，都会倾其所有来操办此事，以此来赢得社会的好评和尊重。

很多地区的苗族都有“坐家”习俗，即所谓的“不落夫家”，新娘婚后不住夫家，而是仍回娘家居住。男方只是在农忙或有事的情况下把女方接来住几天，直至有了孩子，女方才长住夫家。“坐家”的时间长短不一，短则一两年，长则十余年。坐家期间，男女双方都有“游方”的自由，行动上几乎不受约束。

苗族的主要家庭模式是一夫一妻制。多妻现象很少，少数无子者娶妾，须经原配同意。妻子对家庭事务的处理拥有发言权，特别是在儿女的婚事上，往往可以做主。

苗族的婚姻较为牢固，离婚现象较少。但如果婚姻不合的话，离婚也较为自由，男女双方都能提出离婚要求。一般情况下，提出离婚的一方会赔偿给另一方适当的财物。如果男方提出离婚，则要给女方“赔礼钱”，而且不能索取原来的“定亲钱”。如果是女方提出离婚，不仅需要归还“定亲钱”，而且要赔偿举行婚礼的费用。赔偿数额有争议时，会请人仲裁。

苗族大多是小家庭制，儿子结婚生子后会分家自立门户。分家时，一般会根据家庭财产情况进行分配，也会考虑儿子的人数。首先留出一份给父母养老；其次，如果家中还有未出嫁的女儿，则给其留一份嫁妆；最后，根据儿子人数进行平分。父母一般会和最小的儿子同住，也有的会选择住在自己最喜欢的儿子家里，养老的钱也会留给这个同住的儿子，但他需承担父母去世后的安葬费。

二、布依族的婚姻家庭习俗

各地布依族的婚姻家庭习俗不尽相同，既有父母包办的婚姻，也有完全自主的婚姻。从史料记载来看，在明代以前布依族的婚姻是自主的，历史上有朗绍、朗貌的习俗（又称赶表、坐表、玩表）。青年男女在朗绍、朗貌中相识，选择自己的意中人。明以后，布依族的婚姻习俗逐渐产生变化，婚姻缔结的主要形式从自主择配变为凭媒说合。凭媒说合越来越多，越来越普遍。这也导致早婚的产生，即婚姻当事人在幼儿时就由父母订了婚约，到十几岁时结婚，婚礼结束后女方返回娘家居住，即“不落夫家”。有的则实行姑舅表婚，即舅之子娶姑之女，“娶必姑之女，名曰要回”。布依族婚姻的缔结分以下步骤：

择偶。布依族在择偶问题上，各个时期有所不同；同一时期各地区也不尽相同。布依族认为婚姻是人生大事，择偶时必须认真选择，且大都考虑门当户对。在这些观念影响下，“姑舅表婚”“姨妈亲”“侄女赶姑妈”等在布依族地区盛行。择偶时还要看女方的女红与性格，男方是否心灵手巧、忠厚本分、孝顺等等。双方的八字不合也不行，册亨一带流行“从来白马怕青牛，羊鼠相逢一旦休，玉兔逢龙少合味，金鸡遇虎泪双流，虎蛇一家不到头，猪猴相遇难白头”等说法。

订婚。亲事说定之后，还要进一步确定婚姻关系。男方会选择吉日，邀请几位亲友并携带礼物到女方家举行订婚仪式，称为“吃定亲酒”。届时，女家大宴宾客，表示女儿已订下终身大事。订婚时，男方携带的礼物多为糯米粑、米酒、红糖、猪腿等，糯米粑会染成红色，用礼篮盛装。

结婚。布依族从订婚到结婚，相隔的时间长短不一，短则三五年，长则十几年。在结婚前一天，男方派两名青年带着礼物去女家接亲，但此次接亲只是将女方家已经提前做好的糯米粑抢回男方家，用以供祖，俗称“报古”。女方村寨的孩童会用各种物品追打接亲者，称为“打报古”。《镇宁县志》中有相关记载：“夷族结婚，日期既定，以公公或亲戚中之年长二人、少女一人带鸡、酒去接。女方村中孩童群集村外，以苦楝子、稀泥、水枪等物投掷接亲者，曰打报古。回时亦然，有追至数里之外者。”

婚宴期间，新娘由伴娘相伴，两人同吃同宿，新郎新娘是不能同居的。这与布依族的早婚也有关系，有的新人结婚时才十二三岁，婚宴后即返回娘家，即所谓“回门”，一去数年。《普安州志》有载：“妇归合卺，纵还母，次年耕时复归，谓帮插。”待新娘长到十七八岁之后，才由婆婆或族中姐妹接回，婚姻始告完成。在当代，多由新郎亲自去接新娘。新娘被接回夫家，夫妇即可同居，每次住三五天或七八天不等。如此往返，直到妻子怀孕，或已经长大成年，才到夫家定居。

三、藏族的婚姻家庭习俗

藏族的婚恋习俗，具有鲜明的族群地域特点，同时呈现出传统与现代交织的风貌，其具体过程如下：

（一）择偶

以前，藏区男孩 16 岁左右、女孩 15 岁左右便开始了议婚的历程。婚配对象一般由父母选择。选好婚配对象后，会带上礼物去择定的家族提亲以获得对方的属相；获得属相后，要请高僧占卜，属相相合才能开亲。之后还有一个求亲的过程，送礼协商好后，再请高僧占卜，选择订婚吉日。

（二）订婚

藏族的订婚仪式，青年男女本人并不参加，只是双方家人出席。订婚当天，男方家要送给女方家丰厚的礼物，特别向女子的母亲送上一块“帮典”，作为感谢母亲养育女子的“奶钱”。订婚礼上，双方签写婚书并盖上家印。订婚礼当天，女方会宴请宾客。

（三）举行婚礼

订婚仪式后，男方家会请星相师卜算吉日以确定婚期。婚礼头天，男方会把新娘的婚服送到女方家。婚礼当天，男方需要找一位有身份的人带队前往女方家接亲，特别需要带上一匹颜色与新娘属相吻合的怀孕母马供新娘骑行。到达新娘家后，男方把所带彩旗插在新娘背上，意思是新娘自此属于男方。

男方家在新娘到达之前，需要装扮大门，为新娘下马准备垫子。新娘的进门仪式十分烦琐，从下马、进门、上楼到入厅，每一个环节都要唱歌献哈达。入门后，新娘要先拜家族护法神，然后与双方亲属会餐并互送礼物。餐后，僧人在房屋顶层为新娘诵经，祈求家神护佑新娘。诵经完成后，屋顶会竖立起一杆经幡，表示自此开始，新娘同新郎家族的其他成员一样，享有平等的权利。

传统藏族婚礼要持续 5～15 天，具体天数根据家庭经济状况来决定。一直到婚后 3 个月或 6 个月，新娘新郎“回门”完成，婚配的过程才算全部完成。

第三节　西南地区各族群的亲族称谓与姓名

一、亲族

亲族是由血缘关系发展出的血亲与姻缘关系的总称。亲族的范围古今不同。在中国古代社会，表示亲族关系的概念有六亲、九族等。

古代关于六亲的说法不一。《左传》中的记载是以父子、兄弟、姊姑、甥舅、婚媾、姻娅为六亲。汉代贾谊《新书》记载："戚属以六为法，人有六亲，六亲始曰父，父有二子，二子为昆弟；昆弟又有子，子从父而为昆弟，故为从父昆弟；从父昆弟又有子，子从祖而昆弟，故为从祖昆弟；从祖昆弟又有子，子以曾祖而昆弟故为曾祖昆弟；曾祖昆弟又有子，子为族兄弟。务于六，此之谓六亲。"可见，这里的六亲是指父子、兄弟、从父兄弟、从祖兄弟、从曾祖兄弟、同族兄弟。《汉书》中则有"建久安之势，成长治之业，以承祖庙，以奉六亲，至孝也"，唐颜师古注引应劭曰："六亲，父母、兄弟、妻子也。"即六亲所指为父、母、兄、弟、妻、子，这个说法得到较为广泛的认可。

九族所指，也有不同的说法。最常见的说法是自高祖父至玄孙的九代直系亲属。《礼记·丧服小记》："亲亲，以三为五，以五为九。"郑玄注："己上亲父，下亲子，三也。以父亲祖，以子亲孙，五也。以祖亲高祖，以孙亲玄孙，九也。"可见这里是以本人为基准，向上推直系长辈四代、向下推直系晚辈四代构成的直系血亲。高祖父母之上的直系长辈，则作祖宗。玄孙之后的子孙，也有种种称谓，但不常用。

亲族的称谓，是以本人为中心，确定亲族成员和本人关系的名称。确定亲族称谓的方法，一种是类分法，一种是叙述法。类分法不分亲族是父系的或母系的，是旁系的或直系的，且不论年龄大小，只标明辈分；叙述法则不同，父系母系、直系旁系、尊卑辈分、长幼顺序皆标明。

目前世界上大部分族群采用的是类分法，从语言上就可以看出这一点。例如，英语同辈分的伯、叔、姑父、姨夫、舅舅都是用同一个词，伯母、姑母、姨母、舅母、婶母也只有一个词。法语、俄语、日语也是如此。而作为中华民族主体民族的汉族，千百年来一直使用的是叙述法，清晰准确地表达出各种亲族关系。称谓当中不仅标明了尊卑辈分，而且标明了长幼顺序。例如，父兄称伯，父弟称叔；伯妻称伯母，叔妻称婶母。为了便于识别称呼，还会加上顺序数字，称呼为“大伯、二伯”等。

西南地区各族群的亲族称谓与汉族不尽相同，这是由各族群不同的家族制度所决定的。例如，永宁纳西族会用“爱梅”这个词称呼自己的母亲和舅母，用“阿乌”这个词称呼父亲和舅父。这是一种标明父方母方的称谓法，反映了古代血缘家族兄弟姊妹婚配的特点，也彰显了当地的母系家族制度。西双版纳的傣族，不同性别对长辈有不同的称谓：子称父为“波布”，女称父为“波陶”；子称母为“咪亚”，女称母为“咪陶”；孙子称祖父为“波布满”，孙女称祖父为“波陶满”；孙子称祖母为“咪亚满”，孙女称祖母为“咪陶满”。[①]

二、西南地区各族群的姓名

姓名是个体生命的符号象征，一般由姓和名两部分组成。姓是继承的，为家族成员所共有，一般与名或字连用。

中国人的姓起源于距今五六千年前的母系氏族社会。为了区别不同血缘的母系氏族，每个氏族都使用自己特有的称号和标志，这些称号和标志演变为后来的姓，即姓是源于同一女性祖先的族属的公名。“姓”这个字本身就是由“女”字和“生”字组成，表达了姓因女传，道出了姓的血缘本质，即姓是基于母系血统，一个始祖母所生的后代即为同姓。我国一些古老的姓如姜、姬、妫、姒、嬴、姞、姚、妘等都从“女”字，反映的正是古人“姓从女生”的观念，说明姓是母系氏族社会的产物。

姓的作用就是辨别部落中不同氏族的后代，便于不同氏族间的通婚，即同姓不通婚，异姓才可婚配。《通志·氏族略》记述：夏商周以前，男子称氏，女子称姓，氏所以别贵贱，贵者有氏，贱者有名无氏。姓所以别婚姻，故有同姓、异姓、庶姓之别。氏同姓不同者，婚姻可通；姓同氏不同者，婚姻不可通。由此可知，姓是一种族号，氏是姓的分支。秦汉以来，姓氏合为一体。

---

① 何琼.西部少数民族文化概论.北京：民族出版社，2009.

中国古代历史上出现的姓氏，有很多来自少数民族，如今天仍常见的令狐、慕容、罗、龚、鄂等姓就来源于少数民族。西南地区各族群都有图腾崇拜的现象，由图腾名称演变为姓的现象也较为常见，在彝族、苗族、瑶族、侗族、布依族、土家族、哈尼族、珞巴族、羌族、傈僳族、白族、阿昌族等族群中普遍存在。

西南地区各族群的姓名制度不尽相同。有些族群存在有名有姓、姓名并用的情况，如布依族、苗族、瑶族、土家族、纳西族、白族、羌族、毛南族、壮族、仫佬族、黎族、侗族、普米族等。这些族群的姓，有的是本族群传统的姓，有的则是借用的汉姓。比如苗族多使用汉姓，但在族群内部仍然有苗姓。苗姓用以明血缘，并在族内婚中起着重要的鉴别作用，同姓不婚。有些族群是有姓无名，在姓后面只有一个排行数字作为代号，如傈僳族、德昂族、独龙族等。有的族群是有名无姓，如傣族、藏族、门巴族、布朗族、拉祜族、独龙族等。

还有些族群实行连名制，如彝族、哈尼族、傈僳族、白族、纳西族等。连名制又可分为父子连名制、母子连名制、父母子连名制、夫妻连名制、大小连名制、舅甥连名制等多种形式，其中父子连名是最为常见的。西南地区各族群的父子连名又可分为顺推式连名（命名形式为“本名＋父名”）与逆推式连名（命名形式为“父名＋本名”）。

第四节　西南地区各族群的人生礼仪文化

人生礼仪，又称生命礼仪，也称作“通过仪式”，是指在个体一生中几个重要环节所经过的具有一定仪式的行为过程，主要包括诞生礼、成年礼、婚礼和葬礼等。仪式的目的是标记或帮助个体顺利地度过人生的这些关键时刻，由此完成人生角色的转换。人生礼仪受到家庭、宗族、社会以及文化制度的强烈影响，是一定文化规范对个体进行人格塑造的各种要求。西南地区族群众多，加上地域环境复杂，因而人生礼仪呈现出丰富多彩的形态。

一、西南地区各族群的诞生礼仪

诞生礼，又称开端礼或童礼，是个体生命的第一个通过仪式，包括求子、保胎、临产、三朝、满月、百天、周岁等一系列礼仪。个体生命刚出世时，还仅仅是一种生物意义上的存在，只有为他举行诞生礼后，个体生命才获得在社会中的地位，被社会承认为一个真正意义上的“人”。[①] 诞生礼是个体走向社会化的开端。

有些族群在诞生礼之前有祈子习俗，一般是为那些长期不能怀孕的妇女举行的。主要包括：向神祈子，如送子观音、碧霞元君和送子张仙等；送食求子，送的食物多种多样，如喜蛋、子母芋头、瓜果之类，布依族、土家族等有在中秋节夜“偷瓜送子”的活动；等等。

西南地区各族群一般在婴儿出生的第三天，为其举行沐浴仪式，称为洗三，也叫作三朝洗儿，据说这样能够洗掉婴儿从“前世”带来的污垢，保今生平安吉祥，也有为婴儿洁身防病的实际功效。土家族在婴儿出生的第三天，会给他进行第一次沐浴。当天，孩子的外婆要用女儿出嫁时女婿送的酒坛装一坛糯米酒送到女婿家，同时还要带祝福洗礼的礼物。礼物一般会挑选一些食物（如粑粑、糯米、鸡蛋等）和婴儿的日常用品，如银项圈、手圈、脚圈、摇篮、衣帽鞋袜等。首次给婴儿洗浴非常隆重，要挑选儿女双全且经验丰富的妇人来给婴儿洗浴。沐浴时，用木盆盛满用各种中草药熬制的温水，将婴儿清洗干净之后，用刚煮熟去壳的鸡蛋在其身上反复滚动数次，同时用吉言祝福婴儿。滚完身后，还得用艾蒿水净身。

多数族群在婴儿长到一个月时，会为其举行满月礼。土家族的诞生礼中，最受重视的就是满月酒，土家族称为“月米酒”。主人家要花很长时间来准备酒席以招待亲朋好友，隆重程度可与婚礼相当。广西有些地方的壮族在婴儿满月时，岳丈家会携带礼物登门祝贺，还会由一妙龄少女以崭新的背带背婴儿逛街。藏族婴儿满月时，母子身着盛装出门观景，并到寺院拜佛，等等。

西南地区有的族群会在婴儿出生后第一百天举行百日礼。“百”是一个重要的数字，含有“圆满”“完全”的意义。婴儿百日这一天要穿百家衣、戴长命锁。父母期望婴儿能够健康成长，认为这需要托大家的福，而托大家的福就要吃百家饭，穿百家衣。戴长命锁能够“锁住生命”，避灾驱邪。

---

① 钟敬文.民俗学概论.上海：上海文艺出版社，1998.

周岁礼是婴儿出生满一年，也是孩子的第一个生日。它是诞生礼的总结，也是寿礼的开始，很多族群都较为重视。父母在孩子周岁时，会给他做新衣服，精心打扮一番。有的族群还举行酒宴，亲朋好友都会前来祝福。

以上这些婴儿阶段的通过仪式，大都是为了祈求孩子平安、健康、长寿。这是在古代幼儿夭折较为普遍的情况下，人们采用的祈福避害的信仰措施。

二、西南地区各族群的成年礼仪

成年礼是人生的重要礼仪，是为承认年轻人具有进入社会的能力和资格而举行的仪式。成年礼之所以重要，是因为青年男女只有在通过成年仪式后，才会被当作群体中的正式成员来看待。

西南地区族群众多，成年礼仪也多种多样。有些族群的成年礼采用改变服饰的方式，例如贵州从江县的岜沙苗族的男童，一般在 15 岁要举行成年礼。成年礼在农历十一月进行，仪式由闹鱼、剃头、祭祀、筵席四个步骤组成。其中剃头是最重要的仪式，由巫师为受礼者剃掉孩童时期的辫子，只留下头顶的一小撮头发，将其挽成髻盘在头顶，称为户棍。从此以后，受礼者所蓄长发一生都不能剃掉。

凉山地区彝族少女的成年礼称为“换童裙”。仪式举行时只邀请女性，主要有两个步骤：一是将独辫解开，梳为双辫；二是将浅色二截童裙换成妇女穿的三色相连的百褶裙，最后戴上耳饰等。举行过“换童裙”后，她从此可以自由恋爱、婚配。

在西南地区各族群中，还有一些族群以拔牙、墨齿、文面、文身作为成年的重要标志。云南西双版纳的傣族，从 14～15 岁起开始染齿，将点燃的松明柴冒出的黑烟熏在瓦块或木片上，然后刮下来涂在牙齿上，一边熏一边刮染，直至将牙齿染成黑色。黎族儿童长到十三四岁必须文身，黎语称为“绣面”。文身仪式一般在秋季举行，文身的图案、位置都要严格按照传统进行，不能随意变动。各支系图案皆不相同。

还有些族群的成年礼则要考验当事人的意志。如瑶族男子过去的成年礼称为“度戒”，15 岁以后举行，在举行仪式之前的一个月内要独自居住，而且不能吃荤，只能吃素，每日沐浴。在成年礼当天的仪式上，要当众完成上刀梯、踩火砖、翻高台等具有一定难度的动作，以此证明当事人已经具备成年人的能力，并具有坚韧顽强的意志。

三、西南地区各族群的婚姻礼仪

在人的一生中，婚姻礼仪是一种非常重要的人生通过仪式。完成婚礼，标志着一个人进入建立家庭、发展家庭的新阶段。不同族群的婚礼体现了不同的世界观和人生观。西南地区各族群的婚姻礼仪和婚姻文化丰富多彩，充满情趣。

各个族群婚礼之前的程序大致有恋爱、说媒、问名、订婚、送彩礼、定佳期等。婚礼的程序主要有迎（送）亲、典礼、欢宴、闹洞房等。由于本章前面已经以苗族、布依族、藏族的婚姻礼仪为例进行了介绍，此处不再赘述。

四、西南地区各族群的丧葬礼仪

丧葬礼仪可简称为丧礼或葬礼，是人生最后的礼仪，是人结束生命历程后，由亲友、邻里等举行的哀悼、纪念、评价其一生的仪式，同时也是殓殡祭奠的仪式。西南地区许多族群都相信灵魂不灭，认为肉身死亡后，灵魂仍然存在，并会在合适的时间、地点转世为人，因而普遍重视丧葬礼仪。

（一）葬俗的产生

古今中外，许多族群都把死亡看作人生旅程的一种转换，而葬礼就是死者的灵魂去另一世界前的告别仪式。不同族群有不同的丧葬方式，代表着他们对灵魂的处置方式，也表明了他们灵魂不灭的观念。

中国的葬俗最早产生于大约18000年前的旧石器时代晚期的北京山顶洞人之中。在山顶洞人洞穴的葬地里，发现了3具骨架，死者身上有一些骨坠、石珠、钻孔兽齿等饰物，还有陪葬的燧石石器以及赤铁矿的红色粉末。考古学者认为这些红色的赤铁矿粉末象征着血液，代表人们希望能够复活。新石器时代以后，人们关于死亡的观念更为复杂。在距今六七千年的半坡遗址中，发现了氏族的公共墓地。这个墓地具有相当的规模，埋葬方式也趋于多样化。在小孩墓葬的陶罐盖上，留有被认为是供死者灵魂出入的孔道。

随葬品中出现了粟米等食物，还有陶器、骨珠等物。针对不同死因、不同年龄的死者，已经有了不同的埋葬方法和埋葬地点。

（二）西南地区各族群的丧葬形式

西南地区各族群的丧葬方式有多种，主要有土葬、火葬、天葬等，此外还有野葬、树葬、水葬、塔葬、悬棺葬、崖洞葬、套头葬等。不同的族群往往根据死者的年龄、地位、死因等，采用不同的丧葬形式。

(1)土葬。土葬是一种古老的葬俗，流行于世界各地。一般是先把尸体装在棺材里，然后将棺材埋于土中。墓碑可有可无，有的地方只立坟头石，并无文字。西南地区各族群中采用土葬或以土葬为主的有：苗族、壮族、布依族、侗族、瑶族、土家族、仡佬族、水族、白族、傣族、仫佬族、毛南族、畲族、哈尼族、傈僳族、景颇族、阿昌族、独龙族、基诺族、德昂族、怒族、羌族、珞巴族、纳西族、普米族等。不同族群往往有不同形式的墓穴、棺椁、墓冢、墓碑等。务川县仡佬族的土葬就是挖一个长方形的土坑，放棺入坑，棺盖与地面平，填土掩棺，用泥土或石块垒成圆形墓。有些无儿无女的仡佬族人生前会为自己修建坟墓，称为“生基坟”，一般全部用石块砌筑而成，雕刻较少，没有坟墓外墙。

(2)火葬，就是用火焚化尸体成骨灰，然后将骨灰埋葬或抛撒的一种丧葬形式。西南地区的彝族、白族、拉祜族、哈尼族、普米族、纳西族等族群中曾盛行火葬。现在大小凉山的彝族地区、云南宁蒗永宁纳西族地区、部分拉祜族和普米族中仍然实行火葬。

(3)天葬，也称鸟葬、风葬，主要流行于藏族地区。天葬在藏语中被称为“施鸟”。人死后，死者家属将死者的衣服脱掉，以坐姿将其头与双腿用皮绳捆在一起，屈膝，头低埋，称作“怎么来怎么去”。之后，用氆氇或皮袍等把整个尸体包起来，请喇嘛念经超度亡灵，祈祷灵魂顺利升天。最后，尸体运至专门的天葬场，由天葬师完成整个过程。

此外还有塔葬、水葬、悬棺葬等。塔葬主要流行于西藏地区，被视为最高规格的葬式；水葬存在于独龙族、傣族、门巴族和藏族中；悬棺葬属于风葬与崖葬的一种，壮族、苗族、仡佬族、门巴族、布依族中都存在。

（三）西南地区各族群的丧葬礼仪

西南地区各族群的葬礼形式多种多样，内容复杂。同一民族的不同地区，丧葬仪式往往也不同。本书仅以西部方言苗族的丧葬仪式为例进行介绍。

西部方言苗族坚信“死大于生”，在他们看来，如果死者不得安息，他的怨气就会祸及子孙后代。为了避免鬼魂迫害，他们非常重视丧葬仪式，希望通过丧葬仪式达到“死者息，生者安”的目的。西部方言苗族的丧葬仪式分“死丑”和“死好”两种。“死丑”意为死于非命，如枪杀、溺水、自杀等，其葬礼一切从简，不得到处宣扬；“死好”一般指寿终正寝，其葬礼遵照传统丧葬仪式举行。下面以云南马关县草果湾苗族丧葬仪式的具体过程为例来进行介绍。

1. 寿终

老人病危时，其子女必须守护在老人身旁，服侍老人，一方面体现孝敬之道，一方面记录老人去世的准确时间。待老人咽气那一刻，众儿女要紧握老人的手，表示后继有人，让老人安心离去，不要有牵挂。死者咽气后，亲属或祭师要捏死一只小鸡，作为死者的陪葬品，待死者入棺后，置于棺木之下，下葬时一并下葬。

2. 报丧

老人气尽后，家人要立刻鸣枪三声，向祖先和村邻、族人报丧。人们听到枪声后，会迅速赶到死者家中，帮忙料理丧事。死者的儿女们委托一个德高望重、通晓丧事习俗的男子代理一切丧葬事务，称为总管事。再由总管事安排迎宾、厨师、会计、祭师等其他帮手。祭师是苗族葬礼中的重要人物，主要负责主持丧葬仪式。总管事要派专人以烟酒之礼去请祭师。同时，总管事要派人将丧讯告知死者的所有亲戚。如果死者是男性，则姑妈家是主客；如果死者是女性，则娘舅家是主客。当报丧人到了娘舅家或姑妈家时，娘舅家或姑妈家要为报丧人准备晚餐，以示谢意。

接到丧讯后，村邻、好友以及亲戚们都会前来奔丧。当死者亲属团快到丧家时，要吹芦笙、鸣枪，丧家芦笙师傅要出来迎接，其中以娘舅家或姑妈家的奔丧队最为隆重，也最受重视。奔丧时，大家会按习俗资助粮款或实物，一般为大米、黄豆、柴火、白酒等。

3. 整理仪容

老人咽气后，家人要为老人沐浴。沐浴所用之水必须是干净清凉的水，以示对老人的尊敬，让他以干净之躯回到祖先那里，使用过后的水要倒在人迹罕至的地方。沐浴后，为死者整理仪容，包括挽好发髻（若死者是男性，则剃头）、修面、修剪指甲，为死者穿寿衣、寿裙（若死者为男性，则穿寿裤）、寿鞋、寿袜、寿头巾、裹脚等。寿衣采用当地苗族服装传统样式，颜色以浅色为主，忌艳丽和白色。寿衣一般在死者生前制备。着衣完毕，就为死者盖脸巾，即用一块麻布（红色或黑色）自脑前额沿面颊至下巴固定，使口唇紧闭。盖脸巾有"让死者安静地离去，莫与恶鬼怪神交谈"之意，同时也是正常死亡的一种标志。

4.入殓

仪容整理完毕，要把死者病榻上铺垫的旧衣物和稻草之类的杂物拿到三岔路口焚烧，将遗体移至堂屋，等待入殓。入殓所用的棺木一般在老人生前就备好。老人死后，将棺木用清水洗净，待干后，在棺内铺垫数层草纸和枕头，然后将遗体入棺，掩上棺盖。此时棺盖不严封，以供奔丧者瞻仰遗容。棺木内要放置各种陪葬品，如死者生前穿过的衣物（放置于枕头下）、纸钱、麻布等。棺木西侧摆放一支燃烧的蜡烛，代表光明与温暖，防止死者的灵魂迷失方向。棺木底放置一个木盆，用以盛放供奉给死者的小鸡和食物。棺木盖上放置一把小扫帚，每小时就要清扫灰尘，保证棺木整洁。棺木横停于堂屋内壁处，头东脚西。棺木摆放有顺停与横停之分。顺停，即将棺木顺着堂屋停放，置于堂屋东侧或西侧；横停即停于靠近堂屋内壁处，头东脚西或头左脚右。

5.指路

指路，即为死者的灵魂指引通往祖先居住地的路线。在西部方言苗族民众心中，指路仪式是丧葬仪式的核心。老人死后，若是不给其举行指路仪式，死者灵魂就会迷失方向，踌躇不前，无法到祖先居住地，成为孤魂野鬼。凡是"死好"者，都必须指路；若是"死丑"者，可为其举行指路仪式，但祖先不会收留他的灵魂，并且棺木入土后就不再提其名了。指路仪式围绕《指路经》展开。指路时，指路师手持竹卦，左手抱一只红公鸡，立于棺木前，面向死者，用悲恸哀婉的声调吟唱《指路经》。吟唱完毕，指路师向死者献酒，指路仪式结束。

6.酒食供奉

停丧期间，要在棺木旁放置一张方桌，桌上放竹卦、饭碗、菜碗、酒杯、汤勺等祭祀物件，由祭师负责一日三餐的酒食供奉。祭师先献酒，左手端酒杯，右手拿竹卦，叫着死者的名字奠酒于地，放下酒杯，左手依次将饭菜舀到死者饭碗里，嘴里念道："杨奶奶！肉饭你已吃完，倒酒给你漱口。生时你是人，死后你是鬼。死路是条饿路，饿路是条馋路，喝完走阴间路……"献饭、献酒按照一日三餐准备，同时芦笙师傅要吹奏对应的"早饭调""午饭调""晚饭调"。凡是亲友带来祭奠的酒、肉等礼物，都要一一交给祭师，由祭师一次又一次地念诵献祭词，将礼物全部交给死者。每一次献祭给死者的食物，在交给死者后，倒入棺木下的木盆中即可。

7.献牲

献牲是指把家人准备的猪、鸡、牛等活物献祭给死者。草果湾苗族认为献牲以牛为贵，杀牛祭祀是他们展现财力的方式，能够帮助他们在村寨拥有较高的社会地位。现在，草果湾苗族从经济等多方面考虑，多以猪替牛进行献牲，个别经济困难的家庭以鸡替牛进行献牲，但是在他们心中依然以牛为贵。献祭时，首先进行交牲仪式，用麻绳连接死者与祭品，麻绳一头拴在猪身上，一头拴在死者手上，再由祭师倒酒给死者喝，告诉死者："你的子女们花了大价钱，给你买了这只猪。你拉一只到阴间去喂养，要保佑儿女子孙们有一千只一万只。"然后打竹卦，得好卦后，厨师当场宰杀祭品，再将煮熟的肉同酒、米饭一起拿到死者前献祭。除了家人准备的献祭品外，亲人带来的猪、鸡等活物也要由祭师以献牲的方式献给死者，让死者知道这些祭品是哪些亲人孝敬给他的。

8.出殡

出殡前，要行引路仪式。祭师向死者供奉酒食，然后吟唱祭词，告知亡灵跟着公鸡走，寻着光亮走，去往墓地。出殡时，一人携红公鸡在前，为死者的灵魂引路；死者的儿媳手持茅草火把在前，为亡灵照明。孝子们恭敬虔诚地扑跪在门前，让棺木从自己头上抬出去，表示是孝子们将死者背出门的，以尽孝义。从出殡起，直到抵达墓地，整个过程中，男人们都争抢抬棺，大家一路高歌，浩浩荡荡向墓地行进。

9.下葬

草果湾苗族多数实行土葬，东西横葬。下葬的时辰是由阴阳先生结合死者的生辰、年龄、死亡时间和阴历推算出来的。墓地选址重在山地环绕，离家不远，并无严格风水要求。墓地选好后，先派人挖好坟坑，灵柩抬到墓地后，先放鞭炮，再将棺木缓缓放入坟坑。然后大家动手用新鲜泥土和石块埋起来，垒成坟墓。最后，祭师为死者献上分离饭，对死者说："你安心住在这里吧，头一两天你的子女送饭给你吃，第十三天才请你回家，你安心地住在这里吧。"接着，孝子们向死者和帮忙的人行跪拜礼，然后放鞭炮驱鬼，大家返回家去。

10. 回灵

回灵是子孙对长辈行使孝道的一种表现，主要有送火和解簸箕。送火在埋葬后的第一天到第三天内进行：在一捆稻草上放一块炭火，表示"火"。第一天将"火"送到家门口，第二天送到从家到墓地的中途，第三天送到墓地。送火后，由祭师向死者献饭、献酒，吟唱祭词，然后用树枝和麻布条将整个坟墓围起来。最后大家叩头跪拜，送火完成。送火是为死者送去温暖与光明，整个仪式要在天亮以前完成。解簸箕是接死者灵魂回家与亲人团聚的一种形式，在死者下葬后十三天举行。解簸箕当天，孝子用套着死者旧衣的竹架去墓地做仪式，将亡灵接回来，然后将竹架置于簸箕上，表示亡灵进入簸箕内。接着由祭师对簸箕进行一系列献祭，包括献酒、献饭、杀牲祭祀。献祭后，将簸箕抬到山坡上，拿掉竹架，表示死者的灵魂从此与阳间再无关系。至此，葬礼结束。

【参考文献】

[1]钟敬文. 民俗学概论. 上海：上海文艺出版社，1998.

[2]宋蜀华，陈克进. 中国民族概论. 北京：中央民族大学出版社，2001.

[3]林耀华. 民族学通论. 北京：中央民族大学出版社，1990.

[4]钱穆. 中国文化史导论. 北京：商务印书馆，2000.

[5]胡绍华. 中国南方民族发展史. 北京：中央民族大学出版社，2004.

[6]何琼. 西部少数民族文化概论. 北京：民族出版社，2009.

【思考题】

1. 举例说明西南地区各族群传统的家庭、婚姻形式。

2. 简述西南地区各族群的葬式形式有哪些。

第七章　西南地区各族群的节日文化

“节”是植物分枝或长叶的地方。植物都是有节的，节也是植物的关键部位，新枝往往都是从节的部位发出，所谓的“节外生枝”就由此而来。《玉篇·竹部》曰：“节，竹约也。”《说文·竹部》亦云：“节，竹节如缠束之状。”繁体字“節”就是以“竹”字头开头的。

古人认为时间也是有“节”的，因而将时间分成两部分：一部分是平常时间，一部分是非常时间。非常时间就是时间中的“节”，即“节日”，是一年四季的关键部分，也是最容易“出事”的时间。中华文化讲究好事成双，成双成对为吉利，但是中国的大部分传统节日都是在单月的单日，如元旦在一月一日，上巳节在三月三日，端午节在五月五日，七夕节在七月七日，中秋节在八月十五日，重阳节在九月九日，等等。事实上，这些被后世称作“佳节良辰”的节日，在其产生之初都是些极不吉利的日子，非“凶”即“恶”。因此，在“节日”这天的先人们都有所禁忌，需要小心翼翼地才能过去，与后来人们欢天喜地地过节有着本质的差异。

第一节　节日的产生

节日是如何产生的呢？我国各族群有着多种多样的传统节日，每个节日都有它的来历以及独特的发展历程，除佛教、道教等宗教节日外，大部分传统节日都起源于先秦时代，有的可以追溯到三四千年以前。作为一种文化现象，节日是人类社会发展到一定阶段的产物。

在“山中无历日，寒暑不知年”的原始社会，先民们无法对一年四季进行理性的把握，不可能形成节日。当人们具备了一定的天文历法知识之后，固定节日的形成才成为可能。关于古代天文历法知识，从文献上可以追溯到《夏小正》与《尚书》。《夏小正》反映了夏代的一些天文历法知识，一年各月、晨昏北斗斗柄的指向及若干恒星的见、伏或中天已被记载，而且将天象同相应的物候糅合在了一起，构成天文历与物候历的结合体。

在《尚书·尧典》中已有"仲春、仲夏、仲秋、仲冬"的"四仲中星"岁时划分，即春分、夏至、秋分、冬至四节气。后来在此基础上发展到八节，即立春、春分、立夏、夏至、立秋、秋分、立冬、冬至。到战国时期，传统的二十四节气基本齐备，对农业生产有着重要的意义。

在纪时方面，夏代已经出现天干纪时法，商代又配以十二地支，成为六十干支纪时表。周代又发明了用圭表测影计时，进一步确定了冬至、夏至，还定出了"朔日"。历日的确定为节日的产生提供了必备条件。但是，历日、节气并非节日。节日必须有一定的风俗活动。从最早的风俗活动来看，原始崇拜、迷信与禁忌才是节日产生的渊源。

在远古时代，生产力水平低下，人们无法科学地解释外界的奇怪现象，因而在先民的思维中，产生了各种原始的宗教信仰，也产生了对鬼神的迷信和诸多禁忌。先民们运用思想和才能，与莫测的世界保持各种神秘联系，这些意识和行为便是节日产生的最初渊源。

原始崇拜、鬼神迷信、禁忌等无疑是节日产生的土壤，这些原始习俗要注入节日，还需要融入神话传说及历史传奇故事等元素，以增添合理成分，并由原始习俗上升到约定俗成的礼俗，这都需要漫长的时间。

第二节　西南地区各族群传统节日类型

西南地区族群众多，传统节日丰富多彩。依据不同的分类标准，可以分出不同的节日类型。民俗学研究中最常见的分类方法，是按照节日活动的主要内容进行分类。据此，本书将西南地区各族群的传统节日大致分为民间（宗教）信仰与祖先崇拜节日、农事节日、社交节日、体育节日等等。

一、民间（宗教）信仰与祖先崇拜节日

民间(宗教)信仰在传统节日的产生、发展、演变过程中曾发挥过巨大的作用,而且民间(宗教)信仰常常与各族群的祖先崇拜相联系,因此我们一并叙述。

（一）藏族传召节

藏族传召节,也称为“攒召”,是藏族宗教节日,即藏传佛教法会,主要流行于西藏、青海、甘肃、四川、云南等地,迄今已有五百多年历史,分为大召与小召。传大召,即每年藏历正月初三至二十四日举行大祈愿法会,藏语称为“默浪钦浪”,是黄教创始人宗喀巴为了纪念释迦牟尼、纯正佛法而于明成祖永乐七年(1409 年)创立的。传大召规模盛大,各地寺院均举行,尤以大昭寺规模为最,其次为扎什伦布寺、塔尔寺等。宗喀巴初创传大召时,主要内容是向大昭寺诸佛献供,特别是每日向僧俗讲经,化导众生。自清代起,以辩经、诵经、考格西、跳神、送鬼、布施、酥油灯会、晒佛、礼佛等为主要内容,意在供奉诸佛、祈祷吉祥。传大召期间,大昭寺里法号长鸣,千盏供灯闪烁,诵经声不绝于耳;大昭寺外,经幡飘飘,香火弥漫,朝拜香客络绎不绝。此外,每天还会布施三次,一些富人也会参加布施。藏历正月十五日夜,拉萨八角街陈法会要举行“送鬼”仪式。五百名僧人化装成古代骑士列队游行,沿途僧众诵经念咒,焚烧草堆,鸣放火枪,意在驱逐本年内一切鬼怪灾祸,祝愿五谷丰登、人畜两旺。传小召只在拉萨一地举行,届时也会举行一些宗教活动,藏语称为“聪确”,意为会供法会,是为纪念五世达赖逝世周年而于清康熙二十二年(1683)创立的,每年藏历二月二十五日举行,节期长短不一。

（二）彝族祭龙节

这是彝族的祭祀节日,彝语称为“鲁止”或“米孙叭”,在每年农历一月、二月、三月、四月间龙日或正月十五日、春节后的第一个马日举行。该节日起源于自然崇拜,在彝族先民的意识里,龙能腾云驾雾,行云降雨,人间的水是从龙的口中喷出的,因而,每个村寨都会选择一个旺水源头或天然水池作为龙潭,即一个永久性的祭龙场所。还会在水源附近选择一棵大树作为龙的象征,这棵树称为“龙树”,不允许触碰、砍伐。

祭龙节期间,各个村寨会举行祭龙仪式。寨老会置办好祭祀所用的香烛、茶、酒等物,并将按户轮流饲养的猪作为牲礼牵往祭龙之处。寨民每人手拿一碗米、一小把盐,并焚香明烛,杀牲献祭,行祭祀礼,祈求龙神及时降雨,保佑风调雨顺、五谷丰登。当年结婚的夫妇还要向主祭人献酒献菜。如果当年有旱情,则于农历四月十八日举行接龙仪式,由祭龙主持人在水源外提一红尾鱼,将鱼放入本村寨的水塘中,以示接龙回村。

云南石屏一带的彝族称祭龙为"祭罗",据说是为了纪念将自己的身躯化作森林、庄稼、家禽的英雄阿罗。在祭龙仪式前,挑选八个人从村寨的东南西北四个方向挑水,另派两个人去捡拾各种树叶,将这些树叶塞进芦苇秆里,给村寨的每家送一支,同时送去的还有一个饭团、一小块鸡肉和猪肉。从挑水、捡树叶的十人中选出两个有妻室、三年没送过丧的男子,取下放在村寨龙树上的鹅卵石,由他们给鹅卵石洗身。他们认为鹅卵石正是阿罗的化身。接着进行祭龙仪式,每户派一名男子参加,有男孩的人家还要到龙树旁放炮,并要准备酒席和糖果招待祭龙的人。仪式结束后,寨民就开怀畅饮,并伴有耍龙、耍狮、歌舞、踩高跷等娱乐活动。

(三)白族本主节

本主节亦称本主会。本主是"本境之主"的简称,白语称"武僧",意即"我的主人",是白族村寨敬奉的所有神祇的总称。作为白族的祭祀节日,本主节主要流行于云南大理、洱源、邓川、剑川、鹤庆、宾川、苍山、洱海等地。各地祭祀时间不同,尊奉的本主也不尽相同,有自然神本主,如太阳、龙王等;有民俗本主,如柏洁;有英雄本主,如宾川江股村本主尹千祖;有名人名将本主,如上阳溪本主段宗榜;也有对当地经济文化发展有过特殊贡献的本主,如"沙摩大王"等。本主庙里会供奉本主塑像,每年都会集体迎送一次本主,或在本主诞辰举行盛大的祭祀活动。每家每户遇红白喜事、身患重病、孩子起名以及外出经商等,都会准备祭品、金银纸钱到本主庙祭祀本主。

本主节场面隆重盛大,如洱海一带每年农历正月初八的本主会,届时会杀猪宰羊,置办酒席,还要到本主庙致祭,烧甲马纸和替身纸,举行隆重的迎接本主的仪式:前有两顶杏红色罗伞,后有八抬大轿和龙狮队,一路敲锣打鼓来到本主庙,把本主从神龛上迎出,接到村寨公房神台上。全村人都会欢聚于公房前的广场上,看仪仗队表演节目,妇女们也会唱歌跳舞。有的地区还有舞龙、舞狮、唱大本曲、踩高跷、打歌等活动，其目的是祈求本主保佑本村风调雨顺、吉祥如意、六畜兴旺。大本曲是以“白族调”格式构成，有曲目三十六大本，七十二小本。在唱大本曲时，由两人合作完成，一人手持折扇歌唱，另一人弹三弦伴奏。在本主节上还有一项必不可少的节目就是打歌，以双方问答的形式展开，由歌头领唱，众人应和，每唱一段都会饮酒一口，直唱到对方答不上来方才作罢。

（四）哈尼族祭水神

祭水神是云南哈尼族的祭祀节日，祭祀时间和内容各地有所相同。祭祀时间一般会选在每年农历七月。祭祀前，会先用松针铺好场地，摆好供桌。供桌有三张，每张供桌上摆九碗饭、九碗酒、九碗水、九把火钳。祭祀时，全寨的男子按照年龄大小顺序在每张供桌前磕三次头，并念祷词，祈求得到神灵护佑，保佑风调雨顺、五谷丰登，然后分食祭品。金平地区的哈尼族祭祀时间选在农历二月份，祭祀地点会选在河沟或水井旁。选在水井旁祭祀时，会事先搭一个祭台，祭台上摆两碗米、两碗酒和两碗茶。祭品为一只公鸡、一只母鸡，或者一对羊，祈求庄稼丰收、五谷丰登、身体健康等。勐海地区则会在每年春天播种前祭水神，届时由巫师率各家族长到井边杀鸡，摆放祭品。待祭祀结束后，就地将摆放的祭品吃掉，之后每户派一人或二人到井里汲水回家饮用。哀牢山地区的哈尼族一般在农历二月择日行祭，地点会选在泉边或井边，祭物有鸡、鸭、酒、姜、蒜等物，还会用篾片编成螃蟹插在水边。

（五）纳西族祭祖节

云南纳西族的祭祖节又称为祭锅庄，一般于每年的农历十月择日举行。祭祀活动有两种方式：各户轮流作祭和集体祭祀。前者由巫师主祭，在院内的桌子上摆上供品，主要有酒、肉、粑粑、核桃、柑橘、茶、鸡、瓜子等。桌子的上方插十二根青树枝，将青树枝排成三行四列，在其前面插一根剥了皮的白杨树枝，并在每一根青树枝的旁边放一颗石子。这些树枝分别代表天、地、山神和祖先。仪式开始，巫师的两名男助手杀猪，将猪血涂在树枝和石头上，放少量生猪血作初祭。巫师每念一位祖先名字，助手就放一点肉在祭盘内，念完一代祖先的名字则会放上一大块肉。祭毕，将杨树枝、三根青树枝以及石子等抛到院外。剩下的青树枝用石头压在正屋房顶上，枝梢朝向北方，表示纪念北来的祖先。最后，会在现场分食祭品和其他食物。集体祭祀时，一般是各户将猪抬到固定地点，由巫师念各代祖先名字，之后将每头猪的一只耳朵割下，并剪下一点猪毛，作初祭。当场将猪杀掉，巫师将每头猪脖子上的肉割下一块，烤熟后再进行祭祖，然后分食。最后的炒肝再作三祭。

（六）傣族开门节

开门节是云南傣族的宗教节日，傣语称作“奥瓦萨”，意为“送佛出寺”。傣历每年十二月十五日（农历九月中旬）过节。开门节源自古代印度佛教雨季安居的习惯，类似于中原佛教的“解夏”。开门节这天表示关门节以来的安居斋戒已满，各种禁令至此解除。男女老幼皆盛装去寺庙拜佛并献礼物，礼物有食物、钱币、鲜花及黄披单、帕垫等物。还会举行盛大的娱乐集会，燃放烟花和高升，点孔明灯。最引人瞩目的当属舞灯活动，舞灯队伍游村表演，很受群众欢迎。除此之外，还有歌舞娱乐、唱调子、赛鼓等活动。由于开门节期间恰值雨季已过，稻谷收割完毕，故而开门节也兼有庆贺丰收的意义。开门节结束后，寺僧的行动就自由了，可出入佛门，也可离庙出游；信徒也可外出寻亲访友，青年人可以串姑娘，以歌叙情，尽情游乐。

（七）苗族鼓藏节

鼓藏节是中部方言苗族最为重要的祭祖节日。鼓藏节，苗语称“牯哝江略”，意为鼓社节，即以血缘宗族为单位的祭鼓活动。在历史上，苗族鼓藏节每十二年举办一次，每次可持续四年之久。第一年的七月寅日举办“醒鼓”仪式，第二年十月卯日举办“迎鼓”仪式，第三年的四月吉日举办“审牛”仪式，第四年十月丑日举行杀猪“祭鼓”仪式，称为白鼓节，是鼓藏节的结束仪式。在实际的活动中，各支系祭祖的年份不尽相同，各村寨杀牲祭祖的日子也不尽相同。

鼓藏节各个环节仪式繁杂，由鼓社组织的领导“鼓藏头”操办，从杀猪或牛祭祖到各种节日活动，均由“鼓藏头”组织安排。其中“招龙”是最重要的仪式，在第一年二月申日举办。“招龙”仪式是雷山苗族祭祀本宗支祖宗神灵的典礼。苗族世代相传的《枫木歌》中说，最早这个世界上有十二条水龙，十二条旱龙。十二条水龙由水牛来主管，而旱龙由人来主管。苗家人以农业生产为主，因此要招龙，特别是招水龙，希望人畜兴旺、五谷丰登。仪式开始后，在祭师的引领下，各家代表带着祭品来到寨子的最高处，摆好祭桌，祭师开始抛撒招龙米并念祭语，之后下山回家。在归途中，祭师要一直抛撒招龙米，过山头时，要插上招龙的白纸钱。当队伍回到村寨的迎龙坪时，村寨的男女老少已在此摆好祭品等候。祭师在祭祀完成后，将招龙米和村民们在龙脉上挖来的龙土连同猪肉一起分发给寨子里的各家各户，表明已经将龙引进了各家各户，得到了龙的护佑。

（八）德昂族祭谷娘

云南西双版纳德昂族的祭谷娘源自原始宗教，又称为祭谷魂、谷魂节。在当地，人们认为谷种上面附有谷魂，在种谷、薅草、打谷时，都需要祭谷魂。第一次祭谷娘是在下谷种时举行，一般在四五月间，因为这时各家的土地已经整理就绪了。人们届时会穿戴整齐，敲起芒锣，打起象脚鼓，然后到各家地里撒谷种，并在地里念经，希望谷魂归来看守旱地，不要让庄稼被糟蹋了，接下来进行聚餐。第二次祭谷娘是在薅草季节，全寨各户都携带供品前往旱地，供品主要有炊具、蔬菜、芭蕉、大米、粑粑等。和尚或家长诵经，祈求来年谷物丰收，然后进行聚餐。第三次祭谷娘是在打谷时举行，妇女们会提着酒肉、饭菜等供品，在谷堆上面摆好，请谷魂起床、洗脸，喝蜂蜜，吃鱼肉、糖、芭蕉等。祭完谷魂，将在场院抛谷捆晒打，并将两三粒新谷装在谷箩中，箩上编有一个个谷魂小屋。在运谷回家的途中，需不断地呼喊谷魂归来。若遇到熟人，不能与其交谈，因为这样会将谷魂吓跑。当运谷到家时，等候在竹楼前的老人高喊："谷魂归来，这是你的家。"然后老人会接过运谷的竹箩，将其放在囤箩之上，每天早晚餐都需祭祀。

二、农事类节日

（一）藏族望果节

望果节是藏族农民庆祝丰收的节日，主要流行于西藏自治区的拉萨、日喀则、山南等地，时间在藏历七、八月间，具体日期随各地农事季节的变化而变化，一般在青稞黄熟开镰收割的前两三天举行。

藏语中，望果节中的"望"，意为"田地"，"果"为"转圆圈"，即"在田地边上转圈的日子"。望果节的创立，可追溯到公元 5 世纪时期，人们为确保粮食丰收，向佛祖请教，佛祖让乡民手持青稞穗或麦穗绕地头转圈，然后把穗子插在神龛和粮仓上，祈求风调雨顺、五谷丰登，然后吃丰盛的野餐，后来就演变成庆祝丰收的节日。14 世纪时，望果节形成具有一整套宗教祭祀仪式的欢乐活动。也就是从这时开始，为预祝丰收，包括绕田游行和庆典两部分内容的望果节，成为藏族的正式节日。

（二）氐羌族系的火把节

火把节是氐羌族系如彝族、白族、纳西族、基诺族、拉祜族等族群的传统农事节日。不同族群举行火把节的时间有差异，但大多是在农历六月二十四日。节日期间，主要活动有斗牛、斗羊、斗鸡、赛马、摔跤、歌舞表演等。关于火把节的由来，各个族群有着不同的传说。

1. 彝族火把节

根据彝族传说，在很早以前，天上有个人叫斯惹阿比，地上有个人叫阿体拉巴，两人都是大力士。有一天，斯惹阿比要和阿体拉巴比赛摔跤，可是阿体拉巴有急事要外出，临走时，他请母亲用一盘铁饼招待斯惹阿比。斯惹阿比认为阿体拉巴既然以铁饼为饭食，力气一定很大，便赶紧离开了。阿体拉巴回来后，听母亲说斯惹阿比刚刚离去，便追了上去，要和他进行摔跤比赛，结果斯惹阿比被摔死了。天神恩梯古兹知道了此事，大为震怒，派了大批蝗虫、螟虫来吃地上的庄稼。阿体拉巴便在旧历六月二十四日那一晚，砍来许多松树枝、野蒿枝扎成火把，率领人们点燃起来，到田里去烧虫。从此，彝族人民便把这天定为火把节。

不同地方、不同支系的彝族关于火把节的传说也不一样。比如撒尼支系的火把节传说是这样的：善神阿番偷开天门，撒下五谷，使人间的幸福生活超过天上。天神见了大怒，派大力士到地上来出气。朵阿惹姿恨大力士霸道，与他摔跤，把大力士摔倒在地上，压出一个坑来，后来天雨把那个坑变成湛蓝的长湖。人们为纪念这位人间英雄，于农历六月二十四日进行斗牛、摔跤、宰羊、燃火把等活动，以示悼念之情。

2. 纳西族火把节

根据纳西族传说，天神子劳阿普嫉妒人间的幸福生活，便派一位年老的天将到人间，要他用火把世间的人都烧死。老天将来到人间，遇到一个男子背着大孩子、牵着小孩子在走路，感到奇怪，遂上前细问，原来他背着的是侄子,牵着的是儿子。因为兄嫂已死,男子认为应该好好照料侄子。天将被男子的美德所感动,想着人们如此善良,不忍心加害于他们,便让男子告诉人们,六月二十五日那天在门口点燃火把,以免去灾难。于是,那天晚上家家户户都在门口点起了火把。天神以为人们在火海中灭亡,便沉沉地睡去,再也没有醒来。后来,纳西族人民就把这天定为火把节。

三、社交类节日

西南地区多数族群都有专门的节日,满足人们尤其是年轻人交往的需要。

(一)苗族的姊妹节

苗族姊妹节是中部方言苗族地区的一个传统节日,主要展现青年男女热情奔放的爱情生活,也是展示多姿多彩的苗族歌舞、服饰艺术与传统文化的节日。据苗族古歌记述,过去苗族聚居的地方都有过姊妹节的习俗,从正月至三月,分别选不同的日子,以不同的形式过。施洞地区的姊妹节最有代表性。

姊妹节的故事主要来自苗族古歌《姊妹节歌》。相传有两姊妹,姐姐有一儿子名叫金丹,妹妹有一女儿名叫阿姣。两人从小青梅竹马,长大后彼此相爱,约定结为夫妇。但是,阿姣的父母要让她嫁回舅家(旧时苗家习俗)。阿姣不愿嫁回舅家,金丹也不愿娶别人。他们天天偷偷约会,怕父母和寨老发现,便相约在野外见面。每次见面,阿姣都用她装针线的竹篮藏着饭带去给金丹吃。经过一番磨难和顽强不屈的抗争,他俩最终结成了夫妻。于是,便有了"姊妹饭"的典故,后来演变成节日活动。

(二)壮族的歌圩节

壮族人民向来以能歌善舞而著称。每年农历三月初三,是壮族一年一度的传统歌节,称"三月三歌节"或"三月歌圩"。关于歌圩节的来历,壮族民间有不同的传说。一种说法是,以前有一对恋人,都是当地出名的歌手,经常唱山歌来表达爱慕之情,但由于各种习俗的束缚,他俩终不能结为夫妻,于是双双殉情身亡。后来,人们为了纪念他们,遂在三月初三唱歌致哀。还有一说是,唐朝出了一个歌仙,名叫刘三姐。她能歌善舞,经常用山歌歌颂劳动和爱情;又聪明伶俐,巧妙地揭露财主们的罪恶。财主们害怕刘三姐带领人们起来反抗,便设计害死了她。后人为了纪念这位歌仙,便在她遇难那天聚会唱歌,一唱就是三天三夜,歌圩节就此形成。

这些传说现已难以考证,但在《太平寰宇记》中就有记载:"壮人于谷熟之际,择日祭神,男女盛会作歌。"宋元以后,壮族山歌的发展尤为突出,歌圩也成了文化娱乐和男女谈情说爱的场所,并出现了抛绣球的游戏。到了清代,歌圩节成了有成千上万人参加的大型活动。1934 年编的《广西各县概况》记载,当时广西举行歌圩节的有二十六个县,几乎遍布广西各地。

每到歌圩节时,家家户户做五色糯饭,染彩色蛋,欢度节日。歌圩节的地点一般都在离村不远的空地上,用竹子和布匹搭成歌棚。对歌以未婚青年男女为主体,但老人小孩都来旁观助兴。年轻的姑娘和小伙子们各成一方,歌手们站在台上,按照一定的程式和唱法对唱山歌。山歌大多是以猜谜、盘问的形式现编现唱,最后还要唱分别歌。男女青年如果双方情投意合,就互赠信物,以为定情。除了对歌之外,还有抛绣球、碰彩蛋等活动。抛绣球主要是娱乐,也可以作为定情信物,当姑娘看中某个小伙子时,就把绣球抛给他。歌圩节一般每次持续两三天,小的歌节有一两千人,大的歌节可达数万人之多。歌圩节上,摊贩云集,贸易活跃。

四、体育和娱乐类节日

西南地区各族群在农闲之余,有着较为丰富的传统体育、娱乐类节日。

(一)西南地区各族群的斗牛节

西南民族地区存在各类体育和娱乐类节日,斗牛节便是这样的节日。云贵地区的苗族和侗族均有斗牛习俗。

1. 苗族的斗牛节

一直以来,苗族都以农业生产为主要的生计模式。在传统的农业生产中,耕牛一直占据着重要的地位。因此,苗族在长期的农耕生活中,对牛产生了特殊的情感,至今仍然保持着对牛的敬爱与崇拜心理。苗族人民爱斗牛,并不是戏牛取乐,而是以斗牛的方式,展示苗家的敬牛、爱牛、拜牛。苗族基本上每个集会、节日都有斗牛活动,每年秋收后,还有专门的斗牛节。

苗家斗牛有几种：一种是耕牛兼斗牛，这种牛比较雄健，耕作时节耕田犁地，节日拉去斗打；一种是专业斗牛，这种牛是根据各种条件精选出来的，平常不耕作，为一个寨子或一个家族共有，由具有丰富养牛经验的能手饲养，节日期间拉去参赛。

2.侗族的斗牛节

侗族喜欢斗牛，每个村寨都饲养着善斗的“水牛王”。由于侗族南北方言区的差异，斗牛节也有着不同的形态。

(1)南部斗牛节。南部侗族地区每年农历二月、三月或八月、九月逢“亥”那天为斗牛日。先由青年男子吹笙到外寨邀战。斗牛前，由寨老宣读《斗牛词》，讲述斗牛规矩。午时许，斗牛队伍轮流入场，各寨牛王头镶铁角，身罩红缎，背插令旗鹤尾，在几个男子的牵扯下进入斗牛场并绕场三圈，围观群众高声欢呼，俗称“踩堂”。踩堂完毕，斗牛便正式开始。若是一方败了，姑娘们就跑去将“败将”的旌旗拿走，接着是胜利者以骄傲的姿态再次入场示威。待约定的牛王都斗过，斗牛也就结束了。几天后，姑娘们送还败者的战旗，接受小伙子们盛情的款待，并陪着他们对歌，临别奏笙欢送，还赠赎旗彩礼。

南部侗族斗牛习俗的起源，传说是古时候人们种植水稻，是不会二次移栽的。有一次，两头水牛跑到稻田里打架，将秧田踩坏，主人没办法，只有从较密的田里移出一些秧来插满，结果这块田丰收了，人们从此学会了插秧。为纪念这一大事，人们牵来两头牛相斗，从此相沿成习。

(2)北部斗牛节。北部侗族地区的斗牛节，多在农历九月初九举行，一般持续三天，侗语称为“鞍瓦”，参加的水牛称为“圣牛”。斗牛开始前，当年作为东道主的村寨会派人到邻寨送帖请战，称为“订牛亲家”。斗牛节当天，各寨圣牛在炮声中出圈，向东道主村寨的斗牛场出发。东道主村寨的寨老和青年们鸣锣吹笙欢迎，开圈迎各寨圣牛。

正午时分，三声炮响，斗牛正式开始。装饰一新的各寨斗牛，依照顺序先后进场参加比赛。到申酉时分，以锣响为号，第一天的斗牛比赛结束。此时，东道主村寨的人们争着拉人回家做客。第二天和第三天，斗牛比赛继续进行。最后，获胜的“牛王”披红挂彩，再度入场接受欢呼。若最后两头牛打得难解难分，分不出胜负，就要用棕绳套住牛后腿拉开，主人握手言和。最近几年，贵州省的侗族“牛王”还到一些大城市去表演，使这种特殊的娱乐文化更加声名远扬。

北部侗族地区关于斗牛的来历也有一个传说。有一位爱牛的老人到外地去买了一条保家牛，九月九日这天，半路上突然出现一头犀牛，和老人买的那头牛斗得难解难分。老人在众人的帮助下，用绳子将两头牛的脚拴住，杀了犀牛，救了保家牛。自从保家牛到了寨上，年年风调雨顺，五谷丰登，人畜兴旺。从此以后，每年九月九日，人们便举行隆重的斗牛活动。

（二）西南地区各族群的泼水节

泼水节，亦称“浴佛节”，是傣族、阿昌族、布朗族、德昂族、佤族等族群的传统节日。《中国大百科全书・民族卷》认为泼水节的起源“与南传佛教的传入有密切关系，其活动包含许多宗教内容。但就其以泼水为主要活动的原始意义来说，也反映出人们征服干旱、火灾等自然力的朴素愿望”。《中国风俗辞典・泼水节》写道：“此节日起源于印度，后随南传佛教传播，经缅甸、泰国和老挝传入我国傣族地区，故又称‘浴佛节’。”《车里》一书中亦有记载：“元旦之晨，所有贵族平民，皆沐浴更衣，诣佛寺赕佛。妇女辈则各担水一挑，为佛洗尘，由顶至踵，淋漓尽致，泥佛几为之倒坍。浴佛之后，民众更互相以水相浇，极水戏之能事。”此书记载的“元旦”，并非公历的 1 月 1 日，而是傣历新年来临之日。

1. 傣族的泼水节

西双版纳及德宏地区的傣族称此节日为“尚罕”和“尚键”，两名称均源于梵语，意为周转、变更和转移，指太阳已经在黄道十二宫运转一周，开始向新的一年过渡。泼水节多在公历 4 月中旬举行。傣族泼水节庆祝活动长达三至七天。在泼水节活动中，傣族的水文化、音乐舞蹈文化、饮食文化、服饰文化等传统文化得到充分的展现，是研究傣族文化与民俗的重要活动。

2. 德昂族的泼水节

德昂族过泼水节的时间是在清明节后的第七天，除了泼水祝福和跳象脚鼓舞等节目与傣族泼水节一致外，最具特色的习俗是为长辈洗手洗脚。

五、西南地区各族群纪念性节日

西南地区各族群的纪念性节日，主要是为纪念本族群重大的历史事件或某个重要的人物而举行的。

(一)西南地区各族群的六月六节

1. 布依族的六月六

六月六是布依族人民的传统佳节,也称为六月街或六月桥。居住地区不同,过节的日期也有差异。有些地区是六月六日,有些地区是六月十六日,还有的是六月二十六日。每到节日期间,家家户户都要宰牛、宰猪、杀鸡、包粽子祭祀祖先,之后合家欢饮。

据清乾隆年间李节昌的《南龙志·地理志》记载:"六月六日栽秧已毕,其宰分食如三月然,呼为六月兀,汉语曰过六月六也。其用意无非禳灾祈祷,预告五谷丰盈。"关于六月六的起源,各地说法不同。其中普遍流传的说法是,在远古时期,布依族的先人盘古在劳动中积累了栽培水稻的经验,年年丰收。后来他与龙王的女儿结婚,生了一个儿子,取名新横。有一次儿子冒犯了母亲,龙女一气之下返回龙宫,再不回来了。盘古没有办法,只好再娶。某年六月六日,盘古死去,新横从此遭到继母的虐待,几乎被害。他忍无可忍,便上天控告继母,并发誓要毁掉她栽的水稻秧苗。继母知道后,万分后悔,终于与新横和好,并于每年六月六日盘古逝世这天,杀猪宰鸭,做粑粑祭奠盘古。从此以后,布依族人民每年在六月六日举行祭盘古、供祖先的活动,祈祷子孙延续、五谷丰登。

节日这天,除了各家各户的家祭之外,村寨还有统一的祭祀活动。村寨德高望重的老人率领青壮年举行传统的祭盘古活动与扫寨驱鬼活动。其余寨众要穿上传统服饰,带着各类饮食,到寨外山坡上去"躲山"。祭祀完成后,主祭人带领大家到各家扫寨驱鬼,而"躲山"的人们则在寨外说古道今,并有各种娱乐活动。一直到祭山神处响起"分肉了,分肉了!"的喊声,人们才相携回家中,随后各家派人到寨里领取祭山神的牛肉。

2. 侗族的六月六

在黔东南黎平县,侗族称六月六为尝新节、天贶节。很多侗族人家都在这天包粽粑,所以又称粽粑节。

六月六这天,侗族村寨的姑娘们要在本寨门前摆上一张桌子,桌子上摆放着酒和酒具,并在寨门上拦一道绳子,上面插一些巴茅,其他寨子的青年男子要进寨,姑娘们便唱拦路歌阻拦:"标致小伙哪方来?是鹰远飞或来玩?

借问哥哥哪里走？未进侗寨先歌盘。”男子答道：“后生有缘来做伴，双燕远飞有家还。屋檐楼下把窝做，早出晚归要团圆。”就这样你来我往，男子要被姑娘们盘唱许多首歌才准进寨子。到晚上，姑娘小伙们聚在一起，姑娘们或绣花或纳鞋垫，男子则弹着琵琶拉着牛腿琴继续对歌，男子如果对不上，就要被罚喝酒，称为“哑杯”，这便是汉文典籍中的“行歌坐月”，侗语的意思即“月下对歌交流感情”。等到歌唱完，天也差不多亮了，姑娘们拿出油茶招待男子们，大家吃完散去。此外，侗族还有“六月六，请姑姑”的习俗。每逢农历六月初六，都要请回已出嫁的姑娘，好好招待一番再送回去。

（二）西南地区各族群的四月八

四月八是苗族、布依族、侗族、瑶族、壮族、彝族、土家族、仡佬族等族群的传统节日。各个族群的具体日期与具体内容不尽相同，各具特色。

四月八是苗族人的传统节日，又称亚努节，是为了纪念古代英雄亚努王。传说苗族祖先原来住罗格桑（今贵阳附近），过着丰衣足食的生活。可是在一次激烈的战斗中，亚努王不幸被杀害，于四月初八去世。每逢他的遇难日，苗族同胞总要到他的墓地去纪念这位英雄。年年如此，代代相传，逐渐形成了一个节日。

每逢农历四月初八，苗族人民披戴银饰，穿新衣，从山顶、山腰、平坝向活动场地聚集。这一天要举行傩戏、上刀梯、下火海、狮子舞、打花鼓、赛歌、吹唢呐、吹木叶、武术、茶灯等文艺表演。在当代，纪念活动又增加了经贸洽谈、文化艺术研讨、旅游观光等新内容，已成为苗族人民展现民族文化、加强民族团结、招商引资促进经济发展、建设精神文明的综合性盛会，吸引了越来越多的学者、商人和游客。

第三节　西南地区各族群节日文化的特征与内涵

族群节日文化作为一个文化体系，有其独特的内在结构、文化特征和社会功用。它折射出一个族群的深层文化心理，同时又处于文化现代化的动态变迁之中。

一、节日的周期性特征

所谓周期性，是指节日有间隔地、周而复始地举行这种特性。不同族群的人们，在特定的时日举行一些活动，并且年复一年地进行，代代相沿，最终约定俗成而形成节日。所以，民族学或人类学学者在进行田野调查时，至少要在田野地点停留一年时间，以观察被调查对象在一个自然年中的所有活动。其中最重要的就是，在这一年中，几乎所有活动尤其是节日活动，都会因其周期性的特点而全部出现。当然，也有部分节日的周期比较长，比如苗族的鼓藏节，其周期就长达 13 年。

二、节日的族群性特征

这里的族群性，是指一个族群特有的不同于其他族群的节日文化特质。在西南地区，每一个族群乃至同一族群内部不同的支系，都有其独特的节日。族群节日与族群服饰一样，往往被看作一个族群最为外显的标志。我们往往也会因为某个节日而联想到它所属的族群。例如：泼水节——傣族等百越族系族群；火把节——彝族、纳西族、白族等氐羌族系族群；藏戏节——藏族；歌圩节——壮族；赶年——土家族；花山节——苗族；四月八——苗族、土家等族；等等。每个族群的节日都具有自己典型的文化特征，比如我们提到苗族的花山节时，浮现在脑海中的第一个场景往往是其标志性的花杆，以及芦笙场上载歌载舞的青年男女。族群性特征会在长期的发展中传承下去，成为各个族群最重要的区别特征之一。

三、节日的群体性特征

这里的群体性，是针对节日参与人数而言的。节日是各族人民群体认同和共同参与的活动，是一种从众行为的结果，因而具有群体性特点。一般情况下，西南地区各族群的节日活动都是以村、寨为单位举行的，每个人都是节日文化活动的参与者、观赏者。比如土家族的土王节，就是一个盛大的群众性节日。节日期间，要举行群众性的摆手舞活动，参与人数很多。清代文人彭施铎曾作诗云："福石城中锦作窝，土王宫畔水生波。红灯万点人千叠，一片缠绵摆手歌。"该诗生动地记录了摆手舞的盛况。在当代，西南地区各族群的很多人走出家门，到中国经济发达的沿海地区务工，但是每逢各族群最重要的节日，都会返回家乡参与活动。这一现象，也是西南地区各族群节日的群体性的重要体现。

四、节日的复合性特征

这里说的复合性，是指其包容性相当广泛，集民间信仰、民间工艺美术、民间文学艺术、族群服饰、族群饮食、族群建筑等于一体，充分展示了某一族群多姿多彩的文化内容。如红河哈尼族的十月节，是按哈尼族的传统历法来推算的，是哈尼族的新年。节日首先要轮流举行酒宴，全村男女老幼汇集一起，老年人边喝酒边唱古老的传统民歌"哈巴惹"，年轻人纷纷向长辈敬酒。夜幕降临，年轻人围着篝火，敲起牛皮鼓，弹起三弦琴，吹响竹笛、响篾、葫芦笙，唱起哈尼族动听的山歌。节日期间，家家户户在每天早饭前用一个小簸箕抬一盅酒和三个坛子送到村口倒掉，意为敬献祖宗。此外，还要举行荡秋千、摔跤、对歌以及其他游戏。这个节日集天文历法、信仰、仪式、礼节、歌舞、体育、饮食等文化内容于一体，是多种文化因素的复合体。又如，侗族的土王节、苗族的芦笙会等都是文化因素的大组合。在节日中，吃、喝、玩、乐样样都有，物质文化、精神文化与制度文化面面俱到。

在全球化的冲击下，西南地区各族群很多传统文化在现实生活中都受到冲击，面临消失的危险。值得庆幸的是，各种传统节日的存在，使那些面临消失的文化因素得以继续传承。

五、节日的变迁性特征

任何事物都是发展变化的，西南地区各族群的节日文化也处于不断的变化发展之中，呈现出随时代变迁而不断变迁的特征。在历史上，族群节日的变异性相对较小，一般是整个族群遭遇较大的变故时，才会发生较大的变化。比如清代雍正、乾隆年间，随着清政府在西南地区实施改土归流的政策，原来的土司政权被流官政府代替。流官政府在原土司地区大力推行移风易俗的政策，各族群很多极具特色的节日文化被当成“陋习”而被裁革，引发了节日文化内容的变迁。

在当代，西南地区各族群的传统节日仍然处于发展变化之中。与历史时期的变迁相比，传统的节日内容得到了最大程度的保留，主要是形式上发生了变化，也增加了一些具有新时代特征的内容。比如台江苗族的姊妹节发展到现在，其为青年男女提供社交场合的核心内容保留了下来，但表现形式已与传统大相径庭。以前是一村一寨依据自己的情况，在一定时期举行的民间活动，现在变成地方政府主导下的较大区域内在特定时间举行的半官方性质的活动。在内容上，增加了经济功能，地方政府以此为契机举办大型招商引资会，远近客商云集，既促进了地方经济的发展，也促进了苗族传统婚恋文化的传播。

总之，西南地区各族群的节日文化有着独特的文化内涵，是各族群传统生计模式的产物，与各族群的生产活动息息相关。西南地区各族群的节日在长期传承中，加强了各族群众对本族群历史的记忆，推动了各族群的发展。它们也是各个族群对年轻一代进行族群历史、文化教育的最佳途径。历史上，很多族群没有自己的学校教育系统，对族群历史文化的传承，除了家庭教育之外，节日活动便是最好的教育方式。对西南地区各族群来讲，节日所具备的另一重要功能，就是增强各个村寨之间的交流与联系，进而增强族群凝聚力。西南地区多山多水的地形地貌，决定了村寨之间的地理位置相对较远，彼此平时的交流较少，而在节日期间，大家聚集在一起，喝酒、聊天、唱歌、跳舞，交流各自的情况，了解整个族群的社会政治、经济情况，加强彼此之间的联系，起到了增强族群凝聚力的作用。

【参考文献】

[1]钟敬文.民俗学概论.上海:上海文艺出版社,1998.
[2]宋蜀华,陈克进.中国民族概论.北京:中央民族大学出版社,2001.
[3]林耀华.民族学通论.北京:中央民族大学出版社,1990.
[4]钱穆.中国文化史导论.北京:商务印书馆,2000.

[5]胡绍华.中国南方民族发展史.北京:中央民族大学出版社,2004.
[6]何琼.西部少数民族文化概论.北京:民族出版社,2009.
[7]范玉梅.中国的少数民族节日.北京:社会科学文献出版社,2013.

【思考题】

1.什么是节日文化?节日是怎样产生的?

2.举例说明西南地区各族群有哪些传统节日。

3.西南地区各族群的节日文化有哪些主要特征?

第八章　西南地区各族群的民间文学与艺术

民间文学和艺术是人民群众在现实生活中传承并共享的口头文学、书面文学和音乐、舞蹈、戏剧等。从体裁上讲，包括神话故事、民间传说、民间故事、民间歌谣、史诗、戏剧、曲艺以及谚语、谜语等。各个族群都有自己独特的民间文学与艺术体系。

生活在西南地区的各个族群，只有为数不多的几个族群拥有自己的文字体系。有的族群即使有自己的文字体系，也只在特定阶层如祭司中使用。因此，很多族群不能利用本族群的文字作为创作工具，口头创作便成为最为主要的方式。口头文学在传承的过程中，又不可避免地存在增减损益的情况，使得同一个艺术作品存在许多不同的版本，体现出西南地区各族群民间文学和艺术的变异性与丰富性。

第一节　西南地区各族群的民间文学

西南地区各族群生活的地理环境差异较大，文化传统、风俗习惯与心理素质也各具特征，加上历史时期的社会制度与组织也各不相同，因而各个族群的民间文学内容丰富，形式多样，从不同角度反映了各个族群在不同历史阶段的经济、政治、文化以及与周边族群之间的关系，是各个族群历史时期社会生活的缩影，值得我们进行深入的研究。

西南地区各族群的民间文学体裁多样，包括神话传说、故事、民歌、史诗、叙事诗、戏剧、曲艺、寓言、谚语等；即使是同一体裁，在不同的族群中又有不同的表现形式。最近几十年，经过相关人员的调查、记录、翻译，西南地区各族群许多优秀的民间文学作品被整理出版，一些民间文学专辑或单行本开始大量发行。我们从这些已经出版的民间文学作品中挑选一些具有代表性的，根据其内容进行分类介绍。

一、反映天地形成与万物起源的民间文学

生活在西南地区的各个族群，有很多民间文学作品都是反映天地形成、万物起源以及各个族群发展历史的。远古时期，先民们为了自身的生存，努力认识周围的自然现象，把自然力量人格化，对天地的形成与万物的起源给予各种今天看来非常天真而浪漫的解释，形成各族群流传至今的各类神话传说与史诗类作品。

（一）西南地区各族群的神话传说

神话传说是人类童年生活的产物，是先民们对客观世界的认识，反映了他们认识与征服自然的愿望，主要讲述万物初始、人神起源以及族群英雄故事，具有浪漫主义色彩。神话传说一般具有如下特征：(1)都是想象的或难以理解的超自然元素组合成的故事；(2)是远古人类对自然界或社会现象的“幻想”加工，使其成为“神化”了的现实生活；(3)反映了远古人类认识自然并征服自然的愿望。

西南地区各族群的神话传说丰富多彩，各具特色。根据其内容，大致可分为创世神话与征服自然神话，其中创世神话占据着重要的地位。比如，氐羌族系各个族群具有代表性的创世神话有：纳西族的《创世纪》、土家族的《洪水神话》、拉祜族的《牡帕蜜帕》、独龙族的《大蚂蚁把天地分开》等；百越族系诸族的代表性神话有：傣族的《因帕雅创世纪》、侗族的《开天辟地》、布依族的《翁杰造天地》、水族的《人龙雷虎争天下》、仡佬族的《洪水朝天》等；南蛮族系诸族的代表性神话有：苗族的《开天辟地》与《铸造日月》、瑶族的《密洛陀》等；濮人族系诸族的代表性神话有：布朗族的《人祖起源》、德昂族的《宝葫芦》等。

在西南地区各族群诸多的创世神话中，流行于黔东南苗族地区的苗族古歌里的创世神话最有代表性。《苗族古歌》包罗万象，从宇宙的诞生、人类

和物种的起源、开天辟地、初民时期的洪水，到大迁徙、社会制度以及日常生活，都包含在其中，涉及创世神话的主要包括《开天辟地》《造天事物歌》《运金运银》《打柱撑天》以及《铸造日月》这几部分。《开天辟地》中唱道："我们看古时，哪个生最早？哪个算最老？他来把天开，他来把地造。"接着说，云雾生下两只巨鸟，一只叫乐啼，一只叫科啼，是它们孵出了天和地。可是，"天刚刚生来，天是白色泥；地刚刚生来，地是黑色泥"，"天刚刚生来，像个大撮箕；地刚刚生来，像张大晒席"，是神人剖帕用巨斧将天地劈开，"剖帕是好汉，打从东方来，举斧猛一砍，天地两分开"。接着，一位名叫府方的神人出现了，"府方老人家，脚杆有九节，手臂有八双，能吃九篓鱼，能吃九槽粑，嘴巴咬死马，腰杆硬像钢，来把天一顶，来把地一踩，天才升上去，地才降下来，风才来回吹，鸟才自由飞，雨才往下降，树才往上长，人在地上住，再不弯腰杆。"

开天辟地后，新的问题又出现了："白天没太阳，夜里没月亮，天是灰蒙蒙，地是黑漆漆；牯牛不打架，姑娘不出嫁；田水不温暖，庄稼不生长。"《运金运银》《打柱撑天》《铸造日月》三首古歌，集中展示了宝公、雄公、且公和当公四位神人的丰功伟绩。他们运金运银，打造金柱银柱支撑天地，又铸造日月。四位祖先请来神女月黛、月优帮忙，他们一鼓作气，造了十二个太阳、十二个月亮挂在天上，只是他们没有想到的是，"日月十二双，昼夜不停跑，晒得田水啊，好比开水冒，晒得石头啊，软得像粘膏，晒得坡上啊，草木齐枯焦"。最后，是神射手桑扎射下了十一个太阳和十一个月亮，人们这才过上了正常的生活。

这组苗族古歌生动地描绘了宇宙初始、天地混沌时期，神人开天辟地、征服自然的历史，为我们了解人类童年时代的生活，提供了生动的材料。

（二）史诗与叙事诗

西南地区各族群的史诗一般可分为创世史诗与英雄史诗。创世史诗往往与创世神话相同，此处不再赘述。英雄史诗则以本族群英雄人物的斗争故事为主要内容进行创作。西南地区各族群流传的英雄史诗较多，如藏族的《格萨尔王传》、纳西族的《黑白之战》、傣族的《厘俸》、瑶族的《豆腐八王》以及布朗族的《仁爱的王子》等。在这些英雄史诗中，藏族的《格萨尔王传》最为出名，被列为中国三大英雄史诗之首（另外两部分别为蒙古族的《江格尔》和柯尔克孜族的《玛纳斯》)。

《格萨尔王传》是藏族人民创作的一部伟大的英雄史诗,是在藏族古代神话、传说、诗歌和谚语等民间文学的丰厚基础上发展起来的,最初产生于藏族氏族社会末期,公元 7 世纪初吐蕃王朝建立之后得到进一步发展。在公元 11 世纪前后,随着藏传佛教在藏族地区的复兴,僧侣开始介入《格萨尔王传》的编纂、收藏和传播,使其在藏区广泛流传并逐渐完善。《格萨尔王传》代表着古代藏族文化的最高成就,堪称古代藏族的百科全书。它通过对主人公格萨尔一生不畏强暴,不怕艰难险阻,以惊人的毅力和神奇的力量征战四方,降伏妖魔,抑强扶弱,造福人民的英雄业绩的描绘,热情讴歌了正义战胜邪恶、光明战胜黑暗的伟大斗争。现今流传的《格萨尔王传》,卷帙浩繁,已发现的有 200 多部,200 多万行,为世界英雄史诗之最。

二、赞颂生产生活的民间文学

西南地区各族群都有丰富的关于生产生活的民间文学作品,一般都以歌谣、谚语的形式出现。这种形式的文学作品,语言简练,便于传唱,易于在民间流传。西南地区各族群大多生活在崇山峻岭中,习惯以歌声为媒介,表达内心深处的各种情感,具有调节劳动氛围、传达情义、教育子女、开展娱乐以及密切社会交往等各种社会功能。他们的生活中,处处有歌声。

(一)生产生活中的歌谣

西南地区各族群的生产生活歌谣,按内容大致可以分为生产歌、生活歌、习俗歌、儿歌等等。

由于农业生产劳动是西南地区各族群传统的生计模式,是他们得以生存的基础,所以,以劳动生产为主要内容的劳动歌在民间歌谣中占了很大的比例。如藏族的《耕田曲》、纳西族的《耙田歌》、彝族的《种荞歌》、景颇族的《布谷鸟叫了》、哈尼族的《生产调》、傣族的《栽甘蔗歌》、布依族的《春播秋收歌》、苗族的《季节歌》等。这些生产劳动歌谣,大多以写实的手法来反映各族群的辛勤劳动,表达他们对劳动的热爱。

西南地区各族群的生活与习俗歌曲,反映了平常的家庭生活礼仪与信仰习俗方面的内容,题材非常广泛,从个体出生、长大成人,到婚丧嫁娶、节日等等，几乎无所不包。如苗族的敬酒歌，只要端起酒杯，无论男女老少，皆能出口成歌；苗族的婚礼，从开始到结束，每一个仪式都有相应的歌谣，内容极为丰富。再如土家族的哭嫁歌，从婚礼前一个月就开始，小姐妹们陪着即将步入婚姻生活的新娘子哭嫁（俗称陪十姊妹），其内容从父母生养之恩、对原家庭的不舍、对未来生活的害怕，到对媒人的怨恨之情，皆在歌曲中得以表述。

（二）生产生活中的谚语

西南地区各族群的谚语涉及的内容也很广泛，包括历史、政治、经济、生活习俗、宗教信仰、道德伦理与生态环境等各个方面。各族群众的谚语，短小精练，生动形象，总结出千百年来丰富的生产劳动与生活经验，能给人以深刻的启迪。有关道德伦理的谚语，如傣族的“养牛莫惜草和料，养儿莫惜饭和教”，纳西族的“节俭不饿肚，吝啬啃石头”，布朗族的“闲话少说，是非莫搬”，瑶族的“大富莫不仁，小富不忘勤”；等等。有关自然规律的谚语，如侗族“杜鹃开花才播种，布谷一叫就插秧”，傣族的“三月雨水不穿袜，五月雨水不过沟”，瑶族的“三月无清明，四月无立夏”；等等。

三、描写反抗压迫与争取自由的民间文学

西南地区各族群有不少的民间文学作品反映了各族劳动群众对剥削者的讽刺、对被奴役生活的控诉与反抗。这类作品善于塑造英雄人物，比如苗族的《官逼民反》与《英勇就义》，土家族的《向老官人》与《彭公爵主》，傣族的《两兄弟》，瑶族的《贪婪的财主》，水族的《巧媳妇斗县太爷》，布依族的《甲金的故事》；等等。除了这些英雄人物的故事外，西南地区各族群的民间文学作品中还有大量描写青年男女追求婚恋自由、反抗传统旧习俗的故事，如德昂族的《彩礼》、土家族的《锦鸡姑娘》，等等。

四、总结生活经验与讲述哲理的民间文学

在西南地区各族群的民间文学作品中，还有一类是总结生活经验与讲述哲理的。这类作品多以动植物故事的形式出现，把动植物人格化，用以体

现人们的思想和观点，形式短小精悍、语言精练、寓意深刻、发人深思，比如纳西族的《龙女树》，阿昌族的《狗的故事》，傣族的《大青树》与《三色花》，侗族的《螃蟹和牛》，苗族的《水牛与老虎比武》与《公鸡请日月》，布朗族的《鹭鸶告状》，德昂族的《兔子和老虎》，等等。

第二节　西南地区各族群的音乐舞蹈

音乐和舞蹈是人类历史上产生较早的艺术形式，在史前社会时期，歌舞就已经开始出现。到夏商周时期，音乐、舞蹈已被用于官方祭祀活动，并按照《周礼》形成特定的标准。此后，民间音乐舞蹈也不断发展，各个族群根据各自的生活习俗、信仰以及生态环境，形成各具特色的民族音乐与舞蹈。

西南地区各族群原生态的音乐舞蹈与各族人民的生活有着紧密的联系，大多源自生产生活中的各种场景，再经过长时期的提炼、加工，逐渐形成流传久远的传统音乐与舞蹈。它们具有一些典型的特征：

(1)自娱性与普遍性。族群歌舞一般产生于劳动生活场景，不少歌舞都是各族群众自发组织的，几乎人人参与，具有广阔的群众基础。比如土家族的摆手舞，原本是祭祀土王的献舞，后来逐渐发展成全民同乐的舞蹈形式。很多族群会选择在节日中进行歌舞表演，使这些歌舞的表演形式和风格得以较为稳定地保存下来。

(2)鲜明的族群性。由于各族群众的生活习俗、文化、信仰各不相同，使用的乐器也各不相同，音乐、舞蹈也自成体系，表现出鲜明的族群性。比如，傣族传统的孔雀舞由表演者头戴金盔与假面，身穿孔雀羽翼，在象脚鼓与锣等乐器的伴奏下进行舞蹈。整个演出过程有严格的程式，表演者通过丰富多样的手势与舞姿，塑造出孔雀各种曼妙的姿态。

一、西南地区各族群的音乐

西南地区各族群大都能歌善舞，具有优秀的音乐文化传统。他们在历史时期创造了大量优美动人的民间音乐作品，产生了许多著名的作曲家、歌唱家、演奏家与舞蹈家，为中国音乐的发展做出了自己的贡献。西南地区各族群的音乐不仅有着悠久的历史，而且绚丽多姿、丰富多彩。云南民族地区就被称为“歌海”“音乐的王国”，一些族群被称为“歌的民族”。西南地区各族群的民间音乐有着各自独特的风格，可以分为民歌、歌舞音乐、器乐等几个大类。

（一）民歌

民歌是西南地区各族群民间音乐的基础，和各族群众的生活有着最为直接的联系。他们的生产劳动、休息娱乐以及社会交往都伴随着特定的音乐。劳动时有山歌，结婚时有结婚的歌曲，丧葬时有专门的丧葬曲，等等。西南地区各族群的民歌，最为常见的有叙事歌、情歌、山歌、风俗歌及儿歌等。

(1)叙事歌。在传统节日、婚丧嫁娶或其他重要的日子，西南地区很多族群都有吟唱叙事歌的传统，其内容丰富多彩，包括天地万物起源、各族英雄人物的事迹、本族群的迁徙历程，比如藏族的《格萨尔王传》、彝族撒尼人的《阿诗玛》、苗族的《迁徙古歌》等。其中，苗族的《迁徙古歌》把苗族几千年来从中原腹地向西南边地迁徙的历史过程以及在迁徙过程中经历的苦难表现得淋漓尽致，是苗族人民创造出的优秀作品。

(2)情歌。在西南地区各族群的民间音乐中，情歌占了很大的比重。各族青年男女都通过情歌来表达对美好爱情的追求与向往，也用情歌来表达他们对不自由婚恋的不满和反抗。西南地区各族群的情歌往往音乐优美，感情真挚，具有强烈的艺术感染力。

(3)山歌。西南地区各族群喜欢在劳动生产时唱歌，其内容主要反映劳动与爱情生活等，被统称为山歌。山歌大多是即兴编唱，旋律跌宕有力，节奏紧凑。一般采取一人独唱、两人对唱和众人合唱的方式。

(4)风俗歌。西南地区各族群都有自己的风俗歌，其中以反映婚姻习俗的最为突出。很多族群都有成套的婚礼歌曲，贯穿婚礼的全过程。比如土家族的哭嫁歌，反映姑娘离别父母之苦、对包办婚姻的控诉以及对媒人的痛恨等。此外，在逢年过节、庆祝丰收等场合，各个族群也有自己的歌曲。

(5)儿歌。西南地区各族群的儿歌一般分为两类：一是母亲为孩子吟唱的摇篮曲；一是孩子们自己唱的歌，一般简单易懂，节奏舒缓轻快。

（二）歌舞音乐

在西南民族地区，歌与舞很难截然分开，往往以“载歌载舞”的形式出现，反映着各族群众独特的精神风貌。由于生活方式的差异，各个族群在歌舞艺术上也形成了各自的风格和形式。西南地区各族群的歌舞音乐，按结构形式大体可以分为如下几类：

（1）用一首民歌唱多段词，表演时反复吟唱，载歌载舞；

（2）既用民歌，又用舞曲。一般会有简短的器乐引子，然后接以歌曲，最后是舞曲，如藏族的“堆谢”和“囊玛”都采用这种形式。

（3）把许多首歌曲结合起来，再加上器乐的引子和间奏，组成中型或大型套曲，如维吾尔族的《喀什赛乃姆》，就由引子、五首歌曲和尾声构成。

（4）只用舞曲伴奏，不带歌唱，可分为鼓舞和跳乐两种形式。

（三）器乐

西南地区各族群的器乐在民间音乐中占有很重要的地位，在婚丧嫁娶、节日喜庆时刻，多有器乐演奏，其形式包括各种乐器的独奏和合奏，并与舞蹈结合在一起，自成一格。如苗族和侗族的芦笙舞、彝族的三弦舞等。

西南地区各族群的民间乐器有几百种。根据民间乐器的传统分类法，大致可以分为以下几类：

（1）打击乐器。打击乐器又可细分为鼓、锣、钹和板梆等小类，其中以鼓类最为重要。在西南地区各族群的民间乐队里，鼓往往起着领奏的作用。较为通用的是铜鼓，具有悠久的历史。从汉代开始，典籍中关于南方各个族群的铜鼓的记载非常丰富。直到近现代，百越族系的壮族、侗族、布依族等族群与南蛮族系的苗族、瑶族等族群仍然在使用铜鼓。除铜鼓之外，傣族的象脚鼓、壮族的蜂鼓以及苗族的牛皮鼓在今天仍然经常使用。

（2）吹奏乐器。根据演奏方法和乐器构造的不同，西南地区各族群的吹奏乐器大致可以分为如下几类：一是无簧哨的，如笛、箫等；二是有簧哨的，如唢呐、巴乌等；三是有簧和有一定长度的管，二者配合而发声的簧管乐器，如芦笙、葫芦笙等。

（3）弹拨乐器。弹拨乐器在西南地区各族群中也很流行，其中流行最广的是口弦，几乎每个族群都有，其他常见的有月琴、琵琶、大三弦等。

（4）拉弦乐器。在古代典籍中，各少数民族的拉弦乐器被统称为“胡琴”。按此名称，拉弦乐器应该是源于北方少数民族，因此，西南地区各族群中较少，主要有牛腿琴等。

二、西南地区各族群的舞蹈

舞蹈也是人类较早创造的艺术形式之一。西南地区各族群的传统舞蹈都有悠久的历史，一部分起源于史前社会的劳动、不同族群之间的战争以及民间原始信仰活动，一部分是各个社会发展阶段的生产活动与社会生活的反映。比如，佤族、景颇族的祭祀舞蹈反映了原始图腾信仰与古代狩猎生活；纳西族的东巴舞具有原始宗教色彩；藏族的羌姆是在传统民间舞蹈的基础上，受佛教影响而形成的面具舞蹈；等等。

受客观环境的影响，西南地区各族群的舞蹈在艺术形象上具有各自独特的风格。比如，壮族、白族、哈尼族、黎族的舞蹈，常常表现采茶、舂米、捞鱼等劳动场景，具有动作柔和、节奏轻缓的特点。另外，西南地区各族群的舞蹈几乎都保持着歌、舞、乐三者结合的特点。按照表演形式，大致可以分为歌舞、跳乐、鼓舞、道具舞等类型。

（一）歌舞

歌舞是西南地区各族群的舞蹈中最为普遍的形式，又可细分为载歌载舞、歌舞相间、以歌伴舞等，比如壮族的采茶舞、藏族的弦子舞，就属于载歌载舞、歌舞相间的形式。同时，西南地区许多族群保留着本族群的习俗歌舞，用以赞颂祖先、欢庆婚娶、教育后人等，如景颇族的目瑙纵歌舞、佤族的建房舞、北部土家族的跳丧舞等。

（二）跳乐

亦称跳月、跳弦、跳脚，是边奏边舞的形式，也可以合着乐曲跳舞，所用乐器有芦笙、葫芦笙、三弦、琵琶、月琴等。这种形式历史悠久，《诗经》中的“君子阳阳，左持簧”，即是古代关于持笙簧等乐器跳舞的描述，秦汉前已盛行于南方。在西南地区的苗族、彝族、壮族、瑶族、水族、布依族、拉祜族等族群中广泛流行的芦笙舞，即是这种古老形式的发展，其舞蹈动作偏重脚部，多见走矮步、快速踢脚等动作，民间常用于驱恶禳灾、仪礼娱乐、传情择偶等活动中。近年来，村寨间进行的大型娱乐竞技促进了芦笙舞技巧的发展。

（三）鼓舞

鼓舞分以鼓伴舞和击鼓而舞两种。鼓以其特有的音色和节奏，在舞蹈中起着重要作用。按取材和造型，又有铜鼓舞、象脚鼓舞、木鼓舞、羊皮鼓舞、长鼓舞、手鼓舞之分，舞蹈动作各具民族特色。秦汉时，铜鼓已流行于南方，现在壮族、苗族、瑶族、黎族、水族、彝族等族群，仍有以铜鼓伴奏的舞蹈。鼓者边奏边舞，舞者边歌边舞。象脚鼓是南方多个族群使用的乐器。傣族的象脚鼓舞随鼓的击打而扭动胯部和跳跃的动作较多。佤族的木鼓舞过去多用于祭祀，羌族的羊皮鼓舞过去多用于民间巫术活动。

（四）道具舞

道具舞分为模拟鸟兽和一般道具舞两种。前者身着鸟兽道具，模拟其动作，如阿昌族的龙舞、壮族的凤舞、彝族的狮舞、藏族的牦牛舞等，多模拟本民族喜爱的动物形象，其渊源和“百兽率舞”的图腾舞蹈有关。后者以劳动生活中的用具如刀、盅、碗、扇子等为道具，以增强舞蹈的形象、节拍和音响效果，能创造出徒手舞蹈时难以达到的意境。如景颇族的刀舞、黎族的草笠舞、彝族的烟盒舞、傣族的蜡烛舞等。这些民间舞蹈已成为各族群人民生活不可缺少的组成部分。

三、西南地区各族群的音乐与舞蹈的关系

西南地区各族群的音乐与舞蹈，是通过不同形式来展现大致相同的内容，在某种程度上形成了一定的统一，从而达到音律上的和谐，二者之间的关系是非常密切的。

西南地区各族群的音乐决定着舞蹈的风格与结构，而舞蹈体现了音乐的节奏与旋律。具体来说，各个族群的音乐风格决定了舞蹈的样式、动作、速度以及节奏等。比如，在苗族的花山节中，芦笙曲调具有热闹活泼、欢快风趣的特点，节奏性较强，感情热烈而充沛，决定了芦笙舞的动作幅度较大，形式显得夸张，具有很强的爆发力。又如藏族的锅庄，音乐曲调悠长、音域宽广、高亢嘹亮、节奏自由，所以锅庄舞蹈多腿部和脚的动作，强调踢踏，铿锵有力，表现出豪迈而粗犷的特点。

西南地区各族群的音乐与舞蹈同根同源，是各族群众生产生活的产物，是他们讴歌生活、抒发情感的最为直接与朴素的方法。通过同样的节奏，音乐与舞蹈相互辉映，共同创造出生动具体的艺术形式。

第三节　西南地区各族群的戏剧艺术

中国戏剧的产生，最早可追溯到秦汉时期，但过程很漫长，到宋元时期才基本形成，之后经历明清时期的不断发展成熟，才出现当今我们见到的繁荣局面。据统计，中国目前的剧种多达三百多种，许多少数民族的戏剧也包含其中，又以西南地区各族群的戏剧最为典型和多样化。

随着中原地区傩戏的传入，西南地区不少族群接受了这种戏剧形式，并与本族群的实际相结合，发展出颇具族群特色的地方傩戏。除此之外，各个族群也逐渐发展出自己的独具特色的戏剧。

一、西南地区各族群的傩戏

傩，古书解为驱鬼逐疫。傩戏是在古代傩祭祀舞蹈的基础上发展起来的一种戏剧形式，被称为“中国戏剧活化石”，是中国最古老的戏剧之一。傩戏起源于商周时期的驱傩活动，在汉代以后逐渐发展为有浓厚娱人色彩和戏乐成分的祭祀典礼。大约在宋朝，这种活动受到民间歌舞戏剧的影响，演变为旨在酬神还愿的傩戏。此后，傩戏广泛流行于黄河、长江、珠江流域等地，在东北和西北也有过傩文化的存在。现在，傩戏和傩文化保存最完整的地区是西南地区。

中原傩戏在西南地区的广泛流传，与大量汉族移民的移入有关，同时，也与西南地区各族崇尚“巫鬼”的民间信仰有关，它是傩戏能够生存与发展的肥沃土壤。傩戏传入西南地区后，与各个族群的不同传统文化相结合，形成了具有不同类型和形态的地域性傩戏。本书仅以其中几个为例加以叙述。

（一）西藏傩戏

傩戏在进入藏区后，被称为“羌姆”或“多吉嘎羌姆”，即“跳神”或“跳鬼”，其本质是一种以驱鬼逐疫为中心的傩舞。“羌姆”源于印度的佛教，传入西藏后与本土的苯教相结合，并吸收原始巫术、占卜和神谕，具有藏族特色。在历史发展过程中，“羌姆”在地方演出时还吸收了世俗性的短剧表演。

在傩戏基础上发展出的藏戏，种类丰富，具有鲜明的傩文化特点。

（二）四川傩戏

傩戏传入四川后，在蜀文化的影响下，体现出浓厚的地域特色，并发展出丰富的种类。按照其功能，大致可以分为以下类别：

(1)以祈求保佑、还愿为宗旨的傩戏。这类傩戏的主要目的是冲傩还愿、祛灾祈福，包括傩愿戏、阳戏、傩坛戏等，其演出频率是最高的。

(2)以祭祀、庆贺神灵为宗旨的傩戏，称为庆坛。此类演出要设祭坛，并有固定的祭祀仪式，在祭祀仪式中穿插戏剧故事。由地方长官主祭的为官坛，具有社会公益性质；民间自行组织的是民坛，演出时间和剧目由主人家决定。

(3)主要用于民间丧事的傩戏。此类傩戏主要伴随做道场、放焰口、超度亡灵等活动，有端公戏、师道戏等。

（三）云南傩戏

云南地区的傩戏资源较为丰富，其中流传最广和影响最大的是滇东北昭通地区的端公戏和澄江县的关索戏。

端公戏是人们对各种祭祀中端公演剧活动的总称，其戏剧形态主要存在于“庆菩萨”“庆坛”“还钱”“打傩”以及“斋醮”等祭祀活动中，民间习惯称“庆坛”。在这类戏剧中，端公跳神分为阴事、阳事两种，阴事是为死者指路、超度亡灵的活动；阳事是为驱鬼、去灾、求福而进行的活动，一般是阳事多于阴事。昭通端公戏的重要特色仍然是面具，这是演员化装的一种特殊手段。昭通地区现今仍然流传的端公戏目超过150种。

关索戏仅流传于云南省澄江县的小屯村。关索戏以表演三国蜀汉故事为主，其剧目都是赞颂蜀汉功绩的，有固定不变的演出程式，面具也是关索戏表演艺术的重要特征。

（四）贵州傩戏

贵州傩戏是中国傩戏中最具地域特色的，主要分为两大系列，即民间傩堂戏与地戏。

贵州傩堂戏在苗族、布依族、侗族、彝族、仡佬族以及部分汉族地区流行。傩堂戏的演出单位是“坛”，演出过程分为“开坛”“开洞”和“闭坛”三个阶段。演出傩堂戏时，要戴上面具，面具在戏中具有非常重要的地位。演戏时使用的面具数目决定戏剧规模的大小，有“全堂二十四面，半堂十二面”的说法。

贵州地戏主要有安顺地戏、布依族地戏，演出过程主要包括“开财门”“扫开场”“跳神”（演故事）以及“扫收场”四个部分。地戏几乎都是朝代兴衰的战争故事，戏目主要有《封神演义》《东周列国》《楚汉相争》《三国演义》《杨家将》等。地戏面具很多，据调查，可能多达万数，并特别讲究头盔的雕刻与装饰。

（五）重庆傩戏

重庆地区的傩戏可分为两个大类，即家宅性祭祀仪式戏剧与公众性仪式戏剧。家宅性祭祀仪式戏剧主要有阳戏、庆坛、丧葬、延生等，其中的阳戏是在祭祀神灵的活动中进行的戏剧性表演，延生是祈求神灵祛灾除病、延年益寿的祭祀活动。公众性仪式戏剧主要包括祈丰会、贺神会、行业神会、祭祖会、乡神会，等等。

二、西南地区各族群的戏剧

在西南地区，除了傩戏之外，很多族群还有自己传统的戏剧。西南地区各族群的传统戏剧是由古代的歌舞等技艺发展而来的，其内容、情节相对简单，也要反映一定的矛盾冲突。下面仅举几例，对西南地区各族群的传统戏剧进行简略介绍。

白族戏剧，原名“吹吹腔”，在清代即已开始演出，有严格的角色规定和程式化动作，语言一般是半汉半白，有50多种唱腔，脸谱丰富，剧目主要有《血汗衫》《牟伽陀开辟鹤庆》等。

彝族戏剧，主要流行于云南楚雄的大姚县，唱腔有梅葛调、多西调等，并吸收了彝族民间生活小调、乐曲与舞曲，剧目主要有《半夜羊叫》《曼嫫与玛若》等。

壮族戏剧，流行于广西西部与云南富宁、广南一带，清末已有演出。根据语言、音乐唱腔以及流行区域的差异，壮剧一般分为南、北两路。南路唱腔主要有平板调、采花调等，剧目主要有《解白》《百鸟衣》等；北路唱腔主要有正调与平调，传统剧目主要有《卜牙》《侬智高》等。

侗族戏剧，是由侗族民间说唱艺术“嘎锦”等采用舞台演唱形式发展而来，在清后期即有演出。曲调主要有平调、仙腔等，传统剧目多取材于民间故事，主要有《珠郎娘美》等。

傣族戏剧，流行于云南德宏、保山、临沧等傣族聚居区，形成于清后期，由傣族民歌发展而来，唱腔主要有徽调式和羽调式，主要剧目有《千瓣莲花》《红莲宝》等。

布依族戏剧，流行于贵州兴义地区，在清后期形成，曲调有长调、官扮调、二黄等，剧目多取材于汉族历史故事与民间传说。

毛南族戏剧，流行于广西毛南族居住区，只有百余年历史，大部分来自民歌，唱腔分腔、板、调三类，主要剧目有《鲁班仙》《莫一大王》等。

苗族戏剧，主要流行于湖南西部的东部方言苗区，中华人民共和国成立后才形成，以高腔、平腔和巫师音乐为主要唱腔，主要剧目有《团结灭妖》《龙宫三姐》等。

三、西南地区各族群传统戏剧的特点与价值

西南地区各族群的戏剧艺术丰富多彩，各具特色，有着独特的文化价值。

首先，西南地区各族群的戏剧在形成的过程中，有的直接来源于汉族的戏剧，如各地的傩戏均是汉地傩戏传入后，与本族群的传统文化相结合后的产物。各族群的传统戏剧内容也深受汉族与周围其他族群的戏剧文化的影响，比如布依族的地戏，在剧目上多是汉族的历史故事或民间传说。

其次，西南地区各族群的戏剧在表演风格上呈现出多样性。比如傩戏进入西南民族地区后，不但在各个族群所呈现的内容上有差异，而且表演风格也各具特色。再比如壮族戏剧，由于语言、音乐唱腔以及流行区域的差异，又细分为南路壮戏与北路壮戏。

再次，西南地区各族群戏剧的内容和功能具有民俗性特征。各族群的傩戏如此，传统戏剧也是如此。各族群传统节日中的戏剧表演，几乎都伴有祭祀仪式，用各色面具来体现人物善恶与民众的好恶，体现出强烈的民俗特征。

西南地区各族群的戏剧艺术是非物质文化遗产的重要组成部分，具有较高的艺术价值，在满足民族地区各族群众的文化需求、增强各族群的文化认同、加强团结、保障边疆地区国家文化安全等方面具有重要意义。

【参考文献】

[1]钟敬文.民间文学概论.上海：上海文艺出版社，1998.

[2]张铁山，赵永红.中国少数民族艺术.北京：中央民族大学出版社，1999.

[3]曲六乙.中国少数民族戏剧通史.北京：中国民族摄影艺术出版社，2014.

[4]何琼.西部少数民族文化概论.北京：民族出版社，2009.

[5]龚修明.中国西南傩戏述论.贵州民族学院学报(哲学社会科学版)，2001(4).

[6](英)爱德华·泰勒.原始文化：神话、哲学、宗教、语言、艺术和习俗发展之研究.连树声，译.桂林：广西师范大学出版社，2005.

【思考题】

1.试述西南地区各族群民间文学的表现方式。

2.试述藏族史诗《格萨尔王传》的内容与价值。

3.分析西南地区各族群传统舞蹈的类型。

4.举例说明傩戏传入西南民族地区后的地域特色。

第九章 西南地区各族群的民间工艺美术

人类对美的追求，从我们的祖先摘下树叶做围裙、割下兽皮做衣服那一刻就开始了。此后，人类对美好事物的追求从未停止过。生活在西南地区的各个少数民族，在历史发展的过程中，创造出了灿烂绚丽的族群文化。种类繁多、精美绝伦的民间工艺美术作品，就是各个族群对美好事物的追求与表现。

第一节 西南地区各族群民间工艺美术的分类与特点

传统的民间工艺美术是历代劳动人民为适应生活的需要和对审美的要求，就地取材，以手工生产为主创作的工艺美术品，它生动地反映了各个族群的优秀文化特征。民间工艺美术不同于书画艺术，绝大多数作品本身就是民间日常生活用品，它源自生活，又高于生活，是一种实用的美术，被鲁迅称为“生产者的艺术”。在西南地区各族群中，工艺美术有着非常广泛的应用范围，它是各族群众在长期的生产生活中，利用居住地的材料，手工制作的与衣、食、住、行以及劳动工具相关的艺术产品。这些族群生产的各类工艺品具有浓厚的乡土气息，不追求珍奇华贵，以表现各族人民的真实生活为主，受到各族人民群众的喜爱，满足了人们的精神需求。

一、西南地区各族群工艺美术的分类

西南地区地域广阔，各个族群的民间工艺美术因为自然环境、经济状况

以及历史文化的差异，呈现出多姿多彩的地域特点，产品异常丰富，种类繁多。一般来说，西南地区各族群的民间工艺美术可以分为以下两类：

一类是生产生活中的必需品。这类产品的实用性非常强，比如各类竹编、草编；各类木制、竹制、陶制的生活用具；用以制衣的各类刺绣、蜡染产品；建筑物的各类雕刻以及各种装饰物；等等。这些实用性很强的生产、生活用品，主要是为了满足人民群众的物质生活需要，与人们的生活联系非常紧密。

一类是为了满足各族群众精神生活需要的用以观赏把玩的工艺美术品，比如各个族群的乐器、玩具、剪纸等。相较于实用的工艺美术品，这类工艺品在整个西南地区的数量都不多。无论实用性的工艺美术品，还是观赏性的工艺美术品，其制作工艺都很精美。

当然，从不同的角度，西南地区各族群的民间工艺美术还有其他的分类方法。按照材质分，可以分为用纸、布、竹、木、石、皮革、金属、面、泥、陶瓷、草柳、棕藤、漆等不同材料制成的各类民间手工艺品；按照不同的制作技艺，可以将民间工艺美术分为绘画类、塑作类、编织类、剪刻类、印染类；等等。从创作者的角度看，民间工艺美术以农民和手工业者为创作主体。他们以此满足自身需求，或补充家庭收入，甚至作为生计来源。从生产方式看，民间工艺美术以一家一户为生产单位，以父传子、师带徒的方式世代传承。

二、西南地区各族群传统民间工艺美术的特点

西南地区各族群的传统民间工艺美术虽然种类繁多，各具特色，但也具有一些共同的特点。

一是原材料的区域性特点。各个族群制作工艺美术品的材料，一般取自居住地附近。山区取石，林区取木，竹区取竹，原料易得且相对便宜。比如，西部方言苗族各支系的芦笙非常出名，其材料就是四川、云南地区盛产的一种竹子。也有例外的情况，比如黔东南苗族与侗族的银饰制作蜚声中外，但是黔东南地区本不盛产银，制作银饰的原料基本靠外地甚至日本、美洲白银的输入，才促进了黔东南苗族、侗族银饰的大发展。

二是实用性特点。西南地区各族群的工艺美术品，其最初就是为满足

生产生活所需，创作的动机就是实用，在此基础上，再把物品打磨光滑、平整，更具美感一些而已。民间工艺美术品是最原生态的艺术品，大多数是各族群众在生产生活中的实用品，比如农耕要用到的铧犁、竹编器具，生活中要用到的饮食器具、服饰，小孩的各类玩具，等等。这些工艺品大多是利用简单的材料制成，很少有装饰性，造型也相对简单，强调的是其实用价值。它们各有各的用途，但都与各族人民的生产生活息息相关。

三是长期传承的特点。西南地区各族群的民间工艺美术一般是以父传子、师带徒以及亲友邻里相授的方式进行传承，在本地区有着广泛的群众基础。这种传承模式完全依靠口耳相传、言传身教来完成，某一具体产品的生产者一般都长期从事这种技艺，经年累月，反复练习，形成一套比较规范的生产程序和操作工艺，最后达到出神入化的境地。这对民间工艺美术的传承起着非常重要的作用。

第二节　西南地区各族群的民间工艺美术品

西南地区各族群的民间工艺美术品种类繁多，呈现出千姿百态的景象。在有限的篇幅内，我们只能选取几种极具代表性的工艺美术品进行介绍。

一、唐卡

唐卡是藏文的音译，指用彩缎装裱后悬挂供奉的宗教卷轴画。唐卡是藏文化中独具特色的绘画形式，包括藏族的历史、政治、经济、文化以及民间传说等多方面的内容。根据制作材料，唐卡大致可分为以下类别：

（一）丝绢类唐卡

根据制作工艺的不同，这类唐卡又可细分为：(1)刺绣唐卡，用各色丝线绣成；(2)缂丝唐卡，用“通经断纬”的方法，将各色纬线在图案需要编织处用经线交织而成，具有立体效果；(3)织锦唐卡，质地多为缎，纬线由各色丝线组成，间错提花织造；(4)堆绣，即贴花唐卡，先将各色彩缎剪成需要的图形，然后粘贴在唐卡底料上。

（二）绘画唐卡

又叫“止唐”，一般先用颜料绘画于各种材质的画布上，然后做成唐卡。

根据绘画背景，绘画唐卡又可分为彩唐（白底，用各种色彩绘制）、金唐（金色背景）、银唐（银色背景）、红唐（红色背景）、黑唐（黑色背景）等。到现代，绘画唐卡已经有新的发展，可以刻成印板来印刷了。

除以上两类唐卡外，还有一种十分特殊的珍珠唐卡。它在唐卡中数量极少。西藏山南昌珠寺中有一幅珍珠唐卡，由上万颗珍珠和各种宝石串成，十分昂贵。

绘制唐卡是一个非常复杂而细致的过程，从选布到最后成画，主要工序包括：(1)选布，一般选择织工细密的纯白府绸或棉布，也可选没有任何图案的白丝绸；(2)固定画布，把画布四边缝在细木画框上；(3)上胶和打磨，先在画布上涂一层薄薄的胶水，干后涂一层石灰浆，待石灰浆干后把画布铺在平坦的地方进行打磨，直到看不见布纹为止；(4)打线，画出主要的定位线；(5)勾草图，用炭笔画出“白画”后，用墨勾成墨线；(6)上色，在不同的景物上涂不同的颜色；(7)勾线，画完后，用金色画衣服上的图案；(8)开眼，是唐卡绘制中最重要的一道工序。

唐卡的起源和发展与藏传佛教息息相关。在佛教传入藏区时，藏民的主要生计模式还是游牧生活，数量较少的固定寺庙不能满足游牧的宗教信徒的需要。于是，便于携带的卷轴画唐卡应运而生，满足了游牧信众的宗教生活需要。

二、织绣印染

在西南地区各族群的传统服饰与家庭用品中，蜡染、刺绣、挑花、织锦等工艺最为普遍。各个族群在运用这些手工技艺的时候，结合本族群的历史、文化特点，创造出了各具特色的手工制品。

（一）蜡染

蜡染，是西南地区各族群的民间传统印染工艺，与扎染和镂空印花并称“中国古代三大印花技艺”，在苗族、布依族等族群中有着极为出色的运用。蜡染是一种以蜡为防染材料进行防染的传统手工印染技艺，古称“蜡缬”。

蜡染的工艺流程相对简单，一般包括如下步骤：(1)处理待染布匹，先将自产土布漂白洗净，然后把煮熟的芋捣成糊，涂抹于布的反面，干后磨平即可;(2)点蜡,把蜂蜡熔成蜡汁,用特制的铜蜡刀蘸蜡汁,在平铺的白布上绘制各种图形;(3)染色,把画好的布料放在蓝靛染缸里,一般每一件需要浸泡五至六天。浸泡一次是浅蓝色,浸泡数次可得深蓝色。有一种套染工艺,是在同一织物上染出深浅两色图案,即第一次染色后,再在浅蓝色上点绘蜡花,又浸泡几次。在染色时,还会有一些“蜡封”因为折叠而开裂,于是蜡染后便产生天然的裂纹,称为“冰纹”,它让蜡染图案更加具有层次感;(4)去蜡,把染好的布料用清水煮沸,去掉蜡质,经过漂洗后,布上就显出蓝白分明的各种花纹图案。

蜡染图案的常用题材包括自然纹样和几何纹样两大类。自然纹样又可分为植物纹样与动物纹样。常见的植物纹样有菊花、莲花、向日葵、鸡冠花、浮萍、水草等;动物纹样有牛、龙、鸟、虎、狮、鹿、狗、兔、鸡等。这些题材在西南地区各族群的生活环境中很常见,但在绘制过程中又不受自然形象的约束,可以进行一些变化和艺术处理。比如,蝴蝶是黔东南苗族蜡染工艺品中很常见的图案,其造型最为丰富,有蝶翅人面的,有蝶身鸟足的,还有花蝶合体、鸟蝶合体等各种纹样,千姿百态,不一而足。几何纹样在西南地区各族群的蜡染中都能见到,尤其是西部方言苗族的蜡染工艺品中更为常见,包括太阳纹、星辰纹、井字纹、水波纹等自然物象几何化的纹样。几何纹一般都是代代流传下来的,不能随意改动。这些纹样都有古老的传说,有其特定的含义,也表达出对祖先的怀念。

(二)刺绣

刺绣是用针线在织物上绣制的各种装饰图案的总称,是中国民间传统手工艺之一,有着上千年的历史。明清时期,民间刺绣得到很大的发展,产生了四大名绣,即苏绣、湘绣、蜀绣和粤绣。西南地区也有很多各具特色的民族刺绣,比如水族刺绣、藏族刺绣以及苗族刺绣,等等。

与蜡染一样,刺绣也是苗族服饰与家庭用品主要的装饰方法之一。刺绣主要运用在苗族盛装的头巾、衣领、袖腰、袖口、衣肩、衣背、衣摆、腰带、围腰、裙子、裹腿布巾、鞋子及围兜等部分。苗绣的针法技艺繁杂,包括平绣、锁绣、堆花绣、贴布绣、打籽绣、破线绣、钉线绣、辫绣、马尾绣等。这些针法又可细分,如锁绣就分为单针锁和双针锁,破线绣有破粗线和破细线之分。苗族刺绣的题材也非常丰富,有龙、鸟、鱼、铜鼓、花卉、蝴蝶等,还有很多反映苗族历史的题材。在美国苗族的刺绣中，一种反映他们因战争而迁徙的故事布非常有名。苗族女性用刺绣的方式，把他们迁徙的历程记录下来，用来教育子女不忘历史的艰辛。

以苗族刺绣为代表的西南地区各族群的传统刺绣技法多样，图案丰富多彩而生动逼真，在中国服饰工艺中占有非常重要的地位。法国服装工会主席巴克曾对苗绣赞不绝口："我们过去认为中国没有高级服装的历史，但在少数民族服装，特别是在苗族服装中，我看到了。"

（三）挑花

挑花实际上是刺绣的一种针法，也称"挑织""十字花绣"等，在中国历史悠久，流行地区较广，西南民族地区尤为普遍。

挑花一般是在平纹布（包括棉布和麻布）经纬线的十字点，用彩色的丝线、棉线等挑出小的"十"字，组成各种图案，主要应用在服饰上，如衣服、背牌、腰带、围腰、鞋、帽等，也用在家用物品上，如门帘、帐帘、被面、枕巾等。挑花的手法多样，有单面挑，有双面挑；有素色挑花，有彩色挑花。挑花的图案非常丰富，动植物纹样的花、鸟、虫、鱼，几何纹样的菱形、凹形、三角纹、方格纹、锯齿纹、万字纹、山字纹，还有山水人物纹样等，经过制作者的巧手，都栩栩如生地呈现出来了。

西南地区各族群的挑花中，最具代表性的是瑶族的挑花，曾被沈从文先生称为"世界第一流的挑花"。瑶族的挑花取材广泛，包括动植物、历史故事、历史人物以及日常生活类。材料一般用平粗深色蓝布作底，白色粗线挑花，花纹显得古朴粗犷。瑶族挑花工艺非常精致，独具一格，不用事先描绘设计，也不需要刺绣的架子，全凭制作者灵巧的双手和娴熟的技巧徒手操作。女子在七八岁时就开始学习挑花，几年时间就能掌握挑花的基本技艺。瑶族挑花具有特定的文化内涵，以动植物和日常生活为题材的图案反映出瑶族的民间信仰和生活习俗。如形态各异的蛇图案，是瑶族蛇图腾崇拜的反映；"对歌定情"生动形象地展现了瑶族独特的婚姻习俗。瑶族挑花不但讲求实用，而且追求色调装饰的美观，喜欢用艳丽的色彩，"远看色彩近似花"。

其他族群如苗族、侗族、布依族的挑花工艺也颇具特色，既体现出各自的地方特色风格，也体现出各自的历史文化内涵。

（四）织锦

织锦，又称织花，是用染好颜色的彩色经纬线，以提花、织造工艺织出图案的织物。中国丝织提花技术在商代就已经存在。在长期的发展过程中，不同地域、不同族群的人们创造出了不同风格的织锦，如南京的云锦、四川的蜀锦、苏州的宋锦广西的壮锦、湖南湖北的土家锦、云南的傣锦、贵州的苗锦、海南的黎锦，等等，都是中国民间工艺美术珍宝中极为出色的种类。

土家织锦是世代生活在武陵地区的土家人所创造的，土家民间称为“打花”。传统织锦多作为铺盖，土家语称为“西兰卡普”，意为“土花铺盖”；现在已发展出更多的用途，如挂包、挎包以及衣物的装饰品等。土家织锦技艺历史悠久，已有一千多年的历史，体现了西南地区各族群织锦工艺的基本特征。土家织锦工艺比较复杂，使用传统的挑织方法，使经纬线浮沉均匀，结实耐用，光泽持久。传统土家织锦用古老的纯木质腰式斜织机织造，流程包括纺捻线、染色、倒线、牵线、装扣、滚线、捡综、翻篙、捡花、捆杆上机、织布、挑织等，后以“反织法”挑织成图案花纹。土家织锦的几何图案占较大的比例，花草、鸟兽纹样也是织锦图案的重要部分。图案的色彩鲜明热烈，形成强烈的对比。土家人尚红、黑色，故西兰卡普以红色为主，黑色为辅，以其他颜色点缀，整幅织锦斑斓多彩。土家织锦在土家人的生活中有着实用、礼俗以及审美等多方面的功能。2006 年，土家织锦工艺被列入第一批国家级非物质文化遗产名录。

三、银饰

西南地区各族群的人民大多喜欢佩戴各种装饰品，尤其喜爱银质饰品，从戒指到耳环到项链到银牌、银花，应有尽有，尤其是黔东南苗族、侗族的银饰最引人注目。

苗族银饰种类繁多，大致可以分为几大类型：头饰，包括银角、银扇、银帽、银围帕、银飘头排、银发簪、银插针、银顶花、银网链、银花梳、银耳环、银童帽饰；胸颈饰，包括银项圈、银压领、银胸牌、银胸吊饰等；手饰，包括银手镯、银戒指；衣饰，包括银衣片、银围腰链、银扣等；背饰，包括银背吊、银背牌等；腰坠饰，包括银腰带、银腰吊饰等。个别苗族地区有戴脚饰的习俗，脚饰为扭丝状，儿童佩戴用来避邪。以黔东南苗族为代表的银饰工艺有如下特点：以大为美，苗族大银角几乎为佩戴者身高的一半；以多以重为美，盛装的苗族女性，从头到脚的银饰可达七八十件，重达20多斤，有的单只耳环可重达200克。

苗族银饰制作技艺历史悠久，加工几乎都由家庭作坊内的男工匠手工完成。苗族银饰制作工艺非常复杂，具体流程大致如下：(1)铸炼，将银料熔化成银汁后凝固成条状；(2)捶打，将凝固的热银捶打成圆柱状细条；(3)拉丝，将捶打好的细银条做好尖头，再拉丝，有的银丝可细如发丝；(4)搓丝，将拉好的银丝放置在一起，用木质滚条将银丝搓在一起；(5)掐丝，将搓好的银丝掐出不同的图案，嵌进事先做好的银丝框内；(6)镶嵌加固，将打磨好的银珠或图案放在需要镶嵌的位置，然后用焊枪整体加温镶嵌；(7)洗涤，将整件银制品放入特制溶液中洗去污渍。苗族银饰的制作要求工艺师有娴熟的技艺与良好的耐心。要拉出头发丝粗细的银丝，是耐心与技艺的完美结合。

其他族群的银饰工艺也各具特色。黔东南侗族的银饰以银花最为精致，花朵栩栩如生，造型逼真，立体感极强，其制作工艺与苗族的制作工艺类似。傣族的银饰具有浓厚的族群风格，其银腰带用银丝编成蛇纹，或结成连环扣再一个一个接起来，是傣族婚恋中的重要信物。

四、编织品

在西南民族地区，由于地理环境的关系，各个族群的很多用具都是由各类材料编织而成，在生产生活中起着重要作用。西南地区各族群的编织材料主要有竹子、藤条、草以及柳枝等，其中最普遍的是各类竹子，这与西南地区盛产竹子有关。各族群众以其智慧与审美观念，编织出各类实用与美观兼具的生产生活用具与工艺品。

（一）竹编

竹编工艺在中国有着悠久的历史，是南方产竹区域族群在长期的历史发展过程中，利用当地物产创造出的工艺。一般来说，竹编工艺品可分为细丝工艺品和粗丝工艺品。2008年，竹编列入第二批国家级非物质文化遗产名录。

竹编工艺大致可分为起底、编织、锁扣三道工序。在编织之前，需要对竹子进行处理，包括整竹切丝、刮纹、打光、劈细等。编织过程中以经纬编织法为主，在此基础上还可穿插其他技法，如插、穿、削、锁、钉、扎、套等，使编出的图案、花纹更加多样化。

生活在产竹区域的西南地区各族群的竹编产品丰富多样，覆盖生产生活的各个方面。比如，贵州苗族、侗族地区的竹编，有斗笠、背篓、箩筐、筛子、簸箕、晒席、提篮、鱼篓等。精致的斗笠顶端呈尖形，编有各种美丽的花纹。以前女子出嫁一定要有斗笠。云南傣族的竹编种类也很多，有竹桌子、竹箩、竹筐、竹篓、饭盒等，传统房屋的墙壁也由竹子编成。最为特别的是一种竹勺子，以竹筒为勺斗，枝丫为勺把，精工细作，实用美观。云南怒江傈僳族用竹筒制成套酒器，用来饮用自产的米酒，精巧实用。川南苗乡人民把还在生长的竹子当成容器，用特制的注射器注入泡好的药酒，三至四个月后，砍下盛酒的竹子，这便是苗乡闻名的竹筒酒。

除了用竹子编成各种生产生活用具，西南地区各族群还用竹子制成各种乐器，以丰富精神生活。比如苗族(尤其是西部方言苗族)的芦笙，在生活中起着重要的作用。在恋爱时期，苗族小伙子要用吹芦笙的方式来追求喜欢的姑娘；在传统婚礼中，要吹成套的芦笙曲；在葬礼上，不同的仪式都需要用芦笙伴奏。可以说，西部方言苗族所有的人生礼仪，都与芦笙有着联系。其他族群的竹制乐器有佤族的竹鼓与竹琴、土家族的唢呐、侗族的竹叶笛、壮族的竹筒琴等，都很有民族特色。

(二)藤编

藤编就是利用野生山藤编织成各种器皿和家具，也是一种历史悠久的实用工艺。西南地区最出名的是腾冲的藤编。腾冲位于云南的西南地区，与缅甸相邻的深山老林里，盛产一种质地坚韧的藤条，是一种绝好的天然编织材料。世代生活在此地的百越族系、濮人族系诸族群，用这种藤条编织藤器，工艺精巧，经久耐用，深受人们喜爱。

除了被编制成生活用具，藤条在古代还被用来编制藤桥。历史上，腾冲一带有许多的藤桥。这种以藤条编成的桥犹如网槽，人行其上，晃如坐轿。藤条还曾经被用来编织战衣，《三国志》里就有“藤甲军”的记录：“渡江不沉，经水不湿，刀箭皆不能入。”

另外,草编也是中国民间广泛流行的一种手工艺品。西南地区各族群利用各地所产之草,编织成各种生产生活用品,如提篮、杯盘、帽子、鞋子与枕席等。2008 年,草编被列入第二批国家级非物质文化遗产名录。

五、面具脸谱

西南地区广泛流行的面具包括藏戏面具和傩戏面具。藏戏面具造型独特,具有鲜明的藏文化特征,广泛应用于宗教祭祀活动与民间歌舞戏曲表演中。傩戏面具因地域和民俗的不同,可细分为不同的类型,如贵州就有傩堂戏面具、地戏脸子以及彝族变人戏面具之分;云南有彝族面具、傣族面具、景颇族面具之分;广西壮族、瑶族的傩戏面具也具有不同的形式;等等。

(一)藏戏面具

藏语把面具称为“巴”,主要用于各种民间表演活动,与人们的日常生活、劳动、娱乐有着直接的关系。藏族面具是从宗教信仰发展出来的一种工艺品,包括三个类型,即宗教面具、藏戏面具和民间歌舞说唱面具。

与宗教面具相比,藏戏面具造型带有浓厚的世俗性与民间色彩,题材包括历史故事与神话传说中的人物等。藏戏面具用不同的颜色来表现不同的角色及性格。白色面具表示人物性格善良、温和,无害人之心;黄色面具表示容光焕发、功德广大、知识渊博,系活佛、仙翁所戴;蓝色面具表示正义、勇敢,为勇士相;绿色面具象征贤良智慧,美貌端庄,属于度母或空行女化身的女子;红色面具象征权力、威严、正义,表示足智多谋、智勇双全,扮演国王、大臣者均戴红色面具;黑色面具表示凶恶,为凶怒相;半白半黑面具表示嘴甜心毒,两面三刀。

(二)彝族变人戏面具

变人戏是彝语“撮泰吉”的意译,“撮”的意思是人,“泰”的意思是变化,“吉”的意思是游戏、玩耍,合在一起就是“人类变化的戏”,简称“变人戏”。变人戏的表演者,均需戴上特定的面具。

变人戏面具均以木头做成,一般选择杜鹃树。面具一般脸型较长,前额突起,鼻子直长,双眼和嘴巴较小,没有眼珠和牙齿,只在相应的部位挖出孔穴以表示眼睛和嘴巴,以明显的猿猴相表现了先民的印记。在雕刻完成后,再用烟锅灰、墨汁或其他黑色颜料涂抹,画出皱纹等印迹。面具显得非常原始而古朴,似乎能穿透千年的岁月。单纯、稚拙、怪诞是变人戏面具的整体风格。

(三)傩堂戏面具

傩堂戏面具多用白杨木或柳木精工细作。柳木在民间被视为驱邪之物,用柳木制作面具,有驱邪纳吉之意。黔东北的傩堂戏有半堂和全堂之分,半堂戏用 12 个面具,全堂戏用 24 个面具。现在的全堂戏演出一般都要多于 24 个面具,用到 30 个或更多。几个班子合坛演出时,所用的面具更多。每个面具都根据传说故事来造型、绘制、雕刻,各有特征。傩堂戏面具的制作工艺很复杂,包括选料、采料、下料、开坯、放线、粗开脸、粗雕刻、粗打磨、细打磨、刮灰、上白底色、底色打磨、上底颜色、文开脸、描脸谱、熬桐油或生漆(土漆)、上底油、上面油、上亮油,晾干后栽胡子或眉毛。每个程序中还有许多操作细节和技艺,例如雕刻就有平雕、浅浮雕、深浮雕、镂空等工艺。

傩堂戏面具的一个特点是面具与头冠合为一体,头冠大概占整个面具的二分之一。头冠有性别之分,一般男为龙形,女为凤形。在头冠上绘有龙凤、兰草、牡丹、菊花、福寿等图案。黔东北土家族区域的傩堂戏面具大致可以分为正神面具、凶神面具、世俗面具、丑角面具与牛头马面。傩堂戏面具以色彩的轻重来凸显人物形象,比如凶神的面具色彩相对较重,其他面具色彩较轻。

(四)地戏面具

地戏在贵州省广为流传,在安顺地区最为流行。演出地戏时,演员全部要戴上面具。从人物造型看,地戏面具包括将帅面具、道人面具、丑角面具和动物面具等几类。其中,将帅面具的造型非常独特,头盔和耳翅是最为独特之处,有文将、武将、少将、老将和女将五种,称为“五色相”。道人面具一般是反派的军师或前来助战的神仙或修道之人所戴。丑角面具的造型一般为歪嘴皱鼻、呲牙咧嘴、斜眉扯眼的滑稽形象。动物面具的造型较为夸张(也有写实性的),充分体现了各种动物的头部特征。地戏面具兼具人格和神格特征。新雕刻出的面具,未“开光”前是一般的木雕;“开光”后,即为神物,获得生命。

地戏面具一般用白杨木或丁香木精雕而成,做工讲究。在技法上,多为浅浮雕与镂空相结合，刀法明快，精细而不烦琐。色彩上，有的贴金，有的刷银，有红、黄、蓝、绿、黑、白等各种颜色，整个面具色彩鲜明。有的面具上还要镶嵌玻璃，显得富丽堂皇。

第三节　西南地区各族群民间工艺美术的文化意蕴

西南地区各族群的民间工艺美术是各族群众在长期的生产生活中创造出来的，与他们的日常生活紧密联系。其内容非常丰富，涵盖了人们的衣食住行、生老病死、婚丧嫁娶、年节时令以及宗教活动等各个方面，寄托着各族群众对美好生活的向往与追求，也是各族群众审美观念的集中反映，有着深厚的族群文化内涵。

西南地区各族群的民间工艺美术与本族群的民俗文化直接相关。种类繁多的民俗活动是工艺美术产生与发展的基础，而民间工艺美术品则是各个族群民俗文化的直接载体，使各类民俗活动的表现形式更加丰富多彩。

一、民俗活动是工艺美术的创作基础

西南地区各族群丰富多彩的民俗活动，为工艺美术的产生与发展提供了原生动力与大量素材，体现出各个族群的民俗特色。很多古老的民俗在人类的幼年时期就已经产生，生产习俗、生活习俗、信仰习俗以及其他习俗，从一开始就影响着原始艺术。原始的生产生活器具以及巫术用品是原始艺术的起源，各个族群的工艺美术也从原始艺术起源的地方发生了。

西南地区各族群都有自己的特定节日。在节日期间，无论男女老少，都要盛装打扮，刺绣、蜡染、挑花、织锦以及大量银饰被创造出来并世代传承。各个族群民间戏剧的发展，也使得各种类型的面具被创造出来。房屋建筑装饰、各种民间绘画以及各类玩具等，无不与各个族群的民俗活动紧密相连。

工艺美术品因为民俗活动的需要而产生，并体现出各个族群的民俗观念与民俗心理，其自身也成为各族群民俗活动的一部分，成为反映族群民俗观念的物化形式。因此，各族群的民间工艺美术不仅是一种艺术形式，它还承担了各种社会功能。

二、工艺美术品使民俗活动更加丰富多彩

各个族群的民间工艺美术品都以直观的物化形式出现，生动而形象地强化了各类民俗活动的情景，增强了民俗活动的氛围。在黔东南苗乡侗寨的各种节日民俗活动中，苗族、侗族女性色彩艳丽的各色服饰，成为活动中必不可少的组成部分，也是苗侗社会向外界展示民俗生活的一种重要形式。同时，各种特定工艺美术品的使用，强化了各类节日的仪式感。各种陶艺、酒具、编织工艺品，也是西南地区各族群民俗活动中不可或缺的物品。

三、工艺美术在各族群文化传承中的作用

历史上，西南地区很多族群没有自己的文字。族群文化的传承，除了以语言的形式代际口耳相传，各类工艺美术品也承担着传承族群文化的作用。族群文化在各族群众中的传承，必然通过现实的生活场景以及行为活动来体现，而各类工艺美术品便成为族群文化的载体之一。

各种类型的民间工艺美术都直接或间接地表达了某一族群的文化观念。比如西部方言苗族各种造型的芦笙，蕴含着苗族千百年来积淀的道德观念、审美观念、文化心理等，被视为苗族文化的符号和象征，各个地区的苗族都会举办专门的芦笙节。作为一种乐器，芦笙在苗族音乐文化的传承中起着不可或缺的作用。芦笙还在苗族人生礼仪的各种场合中发挥着重要的作用，苗族人的生老病死、婚丧嫁娶等，都要用到芦笙。

各个族群的民间工艺美术作为族群文化的物质载体之一，与各个族群的口传文化、民俗活动等一起，构成了各个族群的文化传承体系。

总之，作为一种物质形态的传统文化，西南地区各族群的民间工艺美术既深受各族群的社会环境、文化传统以及民俗活动的影响，又是各个族群社会生活与族群文化的直观反映，更是族群文化的直接载体。它参与建构各族民众社会生活与神圣空间的物质环境，也参与各族民众的精神生活，反映出各个族群的认知方式、价值标准、思想观念与审美情趣等，也是一种精神性的文化形态。

【参考文献】

[1]李锦璐.谈民族民间美术.合肥:安徽美术出版社,2003.
[2]唐家路,潘鲁生.中国民间美术学导论.哈尔滨:黑龙江美术出版社,2000.
[3]顾朴光.中国面具史.贵阳:贵州民族出版社,2002.

【思考题】

1.分析西南地区各族群民间工艺美术的特点。
2.举例说明某一族群民间工艺美术的文化内涵。
3.分析说明西南地区各族群民间工艺美术的成就与族群文化之间的关系。

第十章　西南地区各族群的旅游文化

旅游是人类社会广泛存在的活动，它带来了文化接触，造成了文化冲击。旅游现象已经在中国存在了许多个世纪，但严格意义上的学术研究特别是人类学研究在近二十年才出现。旅游研究兴起于20世纪80年代，旅游管理是学术界关注的焦点之一。相关研究者主要着眼于对旅游经济的研究，例如旅游市场的开发、酒店管理和旅游设施的建设等等。一方面，随着旅游业的发展，越来越多的社会、文化和生态问题开始出现；另一方面，西方的学者们尤其是人类学家，开始把旅游纳入他们的族群认同研究中。这一时期，中国的人类学家和民族学家也开始关注旅游研究。①

第一节　旅游、族群旅游与旅游文化

“旅游”一词在古代汉语中早已有之，可用来表达旅行游览之意，也可表达长期寄居他乡之意。沈约《悲哉行》“旅游媚年春，年春媚游人”与王勃《涧底寒松赋》“岁八月壬子旅游于蜀，寻茅溪之涧”中的“旅游”，表述的便是旅行游览之意。贾岛《上谷旅夜》“世难那堪恨旅游，龙钟更是对穷秋”与尚颜《江上秋思》中“到来江上久，谁念旅游心”中的“旅游”，则表达了长期寄居他乡的愁思。从现代汉语来看，“旅游”一词在古汉语中表达的“长期寄居他乡”的意义已消失。我们可以给“旅游”下这样的定义：旅游是一种行为过程，是个体或群体离开居住地，到另外的地方进行观光娱乐而引起的现象以及关系的总和，属于特定的文化领域。

---

① （美）纳尔逊·格雷本，金露. 中国旅游人类学的兴起. 金露，译. 青海民族研究.，2011（2）.

一、旅游

1977年，瓦伦·L.史密斯主编的《旅游者与东道主：旅游人类学研究》出版，成为旅游人类学发展史上一个里程碑式的研究成果。人类学对旅游的社会文化影响领域的研究取得了突破性进展，并提出了“旅游人类学”这个概念。旅游人类学重点研究两个方面：一是对旅游者及旅游本身的研究；二是旅游业的出现和发展给东道国地区带来的社会、经济及文化影响的研究。[①]

对前者的研究主要包括：什么是旅游者？他们的旅游行为和动机是什么？不同的需求产生了哪些不同的旅游方式？这些问题涉及人类学的一些基本观点，如文化变迁、文化拒斥、文化互动、族群性、全球化、地方化、迁移、现代性等。因此，人类学家认为以上内容属于跨文化研究，这样的研究有助于我们更清楚地理解旅游的意义，以及旅游给社会与文化带来的各种影响。

对后者的研究包括旅游业给东道国带来的影响，特别是文化上的影响，包括：旅游与文化涵化、旅游与文化传统、旅游与商品文化、旅游与民族工艺品的开发、旅游与民族文化重建、旅游与文化的保护和传承、旅游与宗教的关系、旅游与性别角色、旅游与人口流动，等等。

20世纪80年代，旅游研究的主要学术兴趣包括：引进现代设施和经济利益以进行城市扩张；考察新兴的迅速发展的大众旅游及其人群。20世纪80年代末，大量的外国人类学家涌入中国，从事族群文化研究。他们把旅游看作现代化的一种后果和形式。20世纪末，中国民俗学家也开始关注旅游、旅游的影响和发展旅游的可行性。比较人类学家、民俗学家拓宽了旅游研究的范围，因为他们的田野调查地点包括任何民俗社区。因此，少数民族旅游可以说是与民俗旅游同时存在的概念，也可以说是民俗旅游的一部分。[②]

---

① （美）瓦伦·L.史密斯.东道主与游客——旅游人类学研究.张晓萍等，译.昆明：云南大学出版社，2007.

② （美）纳尔逊·格雷本，金露.中国旅游人类学的兴起.金露，译.青海民族研究.，2011（2）.

二、族群旅游

史密斯将旅游形式分为族群旅游、文化旅游、历史旅游、环境旅游和娱乐性旅游这五种类型。他将族群旅游列为第一类，指出推销族群旅游主要是以地方的奇异和异域民族风俗习惯为特色。[①]“异文化”是人类学的主要研究对象，旅游人类学也一直关注“他者”的旅游。族群旅游是旅游人类学领域的重要方向之一。

科恩对族群旅游的界定包括以下几个要素：要有各种景点可看，被观光的主体人群在文化、社会、政治上都不完全属于居住国的主体民族，而且具有生态区位上的边缘性及文化上的殊异性。[②] 徐新建甚至将中国因政府开发民族旅游而派生出来的少数民族新形象称为旅游民族，认为旅游民族在游客面前展现了一种“舞台真实”。[③] 张晓萍和李伟认为，旅游民族的最大特点在于：这是一个处于前台的民族，是一个展示的民族，而不是一个民族的全部；它所建立的民族性是在一种特定情景中，依靠对原生纽带和文化独特性的追溯，来区别自我与他者的认同。[④]

爱德华·布鲁诺分析和比较了一个东非的族群如何通过在不同的旅游场景（私人、政府、酒店）展开不同的表演，表现不同的族群形象。他指出：“表演是既定的，意义总是现存的。”[⑤]欧挺木通过对贵州屯堡旅游的分析，指出旅游村寨的村民们往往更擅长“表演”传统。[⑥] 旅游地及当地人如何向游客进行表述值得分析。旅游表述总是试图将少数民族固定在一个不变的过去，运用传统服饰、武器等符号，将他们表述为“他者”或“部落的”或“原始的”，这些逐渐成为人们的公共印象，尽管这些原住民——少数民族其实也已现代化了。[⑦] 这

① （美）瓦伦·L.史密斯.东道主与游客——旅游人类学研究.张晓萍等，译.昆明：云南大学出版社，2007.

② 杨慧，陈志明，张展鸿. 旅游、人类学与中国社会. 昆明：云南大学出版社，2001.

③ 徐新建.开发中国：“民族旅游”与“旅游民族”的形成与影响——以“穿青人”、“银水寨”和“藏羌村”为案例的评述. 西南民族学院学报，2000（7）.

④ 张晓萍，李伟.旅游人类学.天津：南开大学出版社，2008.

⑤ 杨慧，陈志明，张展鸿. 旅游、人类学与中国社会. 昆明：云南大学出版社，2001.

⑥ Tim Oakes，吴晓萍.屯堡重塑：贵州省的文化旅游与社会变迁.贵阳：贵州民族出版社，2007.

⑦ 杨慧，陈志明，张展鸿.旅游、人类学与中国社会.昆明：云南大学出版社，2001.

样的例子在族群旅游中屡见不鲜，表明文化在不同的权力关系、不同的需求中表现出不同的再生产过程。

三、旅游文化

旅游活动中的涵化现象所导致的文化变迁问题，一直是旅游人类学追踪的一个重要议题。导致文化变迁的因素是多种多样的，旅游所产生的文化接触可能会加速旅游地社会文化的变迁，但这种变迁并不是完全由旅游导致。笔者认为，涵化理论过分强调外来文化影响的作用，忽视了当地社会文化，因而也无力解释旅游地社会文化变迁的复杂过程。事实上，越来越多的旅游地已开始主动适应变迁，整合自身文化，在发展中求得生存，同时又通过传统的再造和重塑族群性来重新整合族群资源。

丹尼逊·纳什观察到，旅游区创立后，游客和东道主的关系是陌生人关系，陌生人会倾向于与自己的同胞抱成一团，建立主要由同胞组成的社会网络。如果要让陌生人与东道主的关系持续下去，便需要旅行社、管理人员等专门处理不同社会团体之间关系的专家介入。在社会分化不断进行的时候，这些被称为“文化中介人”的调解人发挥着越来越重要的作用。①

宗晓莲分析了丽江纳西族在旅游开发背景下的文化变迁，指出族群中的精英知识分子在纳西文化再生产过程中起到了举足轻重的作用。这些精英不但是本民族与外界的沟通者，也是旅游开发中的设计者。他们挖掘地方历史文化、参与旅游产品开发，在本民族文化的转型中起着重要作用。②

概括地说，旅游文化是一种全新的文化形态，它揭示了旅游活动在本质上是一种文化活动。旅游业的发展在遵循经济规律、生态规律的同时，还必须遵循文化规律。旅游文化具有以下特点：第一，旅游文化具有综合性；第二，旅游文化具有族群性；第三，旅游文化具有地域性；第四，旅游文化具有传承性。③现代旅游业的发展不断推动着不同地域、不同族群之间的文化交流和融合，地方文化精英在其中扮演着日益重要的角色。

---

① （美）尼尔逊·纳什.旅游人类学.宗晓莲，译.昆明：云南大学出版社，2004.

② 宗晓莲.旅游开发与文化变迁——以云南省丽江县纳西族文化为例.北京：中国旅游出版社，2006.

③ 何琼.西部少数民族文化概论.北京：民族出版社，2009.

第二节 西南地区各族群旅游文化现状

20 世纪 90 年代以来,随着现代化建设的推进,旅游业在中国少数民族地区迅速兴起,民族古镇、民族村寨、民族节庆、民族歌舞、民族工艺、民族饮食等纷纷登上旅游的舞台,成为当地脱贫致富、发展经济、促进地区发展的重要手段。

一、快速发展中的民族旅游业

中国民族旅游的兴起,既是处于现代性压力下的人们渴望逃离日常生活、寻觅异地文化的推力的结果,也是各级政府在经济利益诉求下主导旅游开发的拉力所致。从旅游动力的角度来看,民族旅游的兴起,其推力主要取决于旅游者的异文化体验需求,而拉力则离不开旅游目的地与客源地之间存在的巨大文化差异。政府在民族旅游开发中起到了主导性的拉力作用。①

在世界各地,旅游推动着各民族传统文化的复兴与民族身份、民族精神的再建构和不断展现。与此同时,各族群都在旅游发展中不断重新塑造自我形象,强化族群认同。在杨慧、陈志明、张晓萍主编的《旅游、少数民族与多元文化》一书中,多位学者分别展现了西南地区各族群旅游文化的现状,如纳西族、傣族、穿青人等族群在旅游发展背景下其传统文化的交流与变迁。②

与强调同质化和标准化的发展方式不同,旅游业展示的是独具特色的族群以及由族群建构的具有地方特色的文化。孙九霞通过对云南的傣族、基诺族等案例的分析,提出全球化强化了族群与文化的同质性,凸显了族群与文化的特质。边缘族群为了发展,看待问题的角度逐渐从“以族群为中心”转移到了“以中心为中心”,引导和改变了族群主体思考问题的方式,从而加剧了族群主体的文化变迁过程。旅游使社区成为自身文化展演的舞台,为身处其中的族群保存了一些原本趋于消亡的文化要素。在保护族群文化特质的同时,旅游还成为社区进步的动力,为社区居民提供新的收入来源,改造社区原有的社

① 周大鸣.人类学与民族旅游:中国的实践.旅游学刊,2014(2).

② 杨慧,陈志明,张展鸿.旅游、人类学与中国社会.昆明:云南大学出版社,2001.

会结构，带动了地区基础设施建设。[①]

二、西南地区丰富的族群旅游资源与发展现状

我国旅游资源极为丰富，突出地表现在文物古迹、自然景观和民族风情三个方面。西南地区的旅游资源也具有这三个方面的优势，自然景观和民族风情更为绚丽多彩。其中，云南省和贵州省在发展民族旅游方面较有代表性。

在自然景观方面，西南地区的喀斯特地貌十分突出。喀斯特地区犹如一个辽阔的童话世界，在云、贵、川、桂、湘、鄂等省的民族地区，面积达40多万平方千米，是世界上最大和发育最为典型的喀斯特地貌区域，堪称世界喀斯特博物馆。这里拥有国家级风景区、森林公园、自然保护区80多个。1992年，我国被联合国教科文组织列入“世界遗产名录”的三大风景区都分布在这一区域。湖南凤凰、贵州黄果树瀑布、云南石林和四川九寨沟更是闻名遐迩。以黄果树瀑布为中心的贵州省打邦河瀑布群，由20多个地面及地下瀑布组成，气势雄伟而又秀美幽深。

在民族风情方面，西南地区有很多世居族群，一些族群还有不同支系。各个族群的服饰五彩纷呈，令人眼花缭乱；建筑风格各异，令人啧啧称奇；节日数以千计，饱含着丰富的文化宝藏；食品种类繁多，反映出悠久的饮食文化；民间工艺美术绚丽多姿，个性十足，呈现出乐观向上的族群性格；民间（宗教）信仰历史悠久，许多族群文化都受到民间宗教文化的深刻影响。各族群注重礼仪，待客礼、诞生礼、祝酒礼、婚嫁礼等，对不大了解西南地区各族群的旅游者来说，无不充满强烈的吸引力。旅游界专家认为，在所有的旅游项目中，各少数民族的民俗风情是取之不尽、用之不竭的人文资源。少数民族地区开发和利用这一资源，必将对民族经济发展产生深刻影响。[②]

下面，我们以世居族群最多、分布最为广泛的云南、贵州两省的旅游发展为例进行介绍。

（一）云南省旅游发展现状

自20世纪90年代以来，云南省政府就开始把开发民族旅游作为云南旅

---

① 孙九霞. 传承与变迁——旅游中的族群与文化. 北京：商务印书馆，2012.。

② 何琼. 西部少数民族文化概论. 北京：民族出版社，2009.

游产业的重头戏来唱，并借助举办昆明世界园艺博览会和国际旅游节的东风，逐渐建成石林、大理、丽江、迪庆、西双版纳、文山、临沧、怒江等一批高品位、高质量的民族旅游景区、景点，吸引了大批的国内外游客，呈现出民族旅游快速发展的良好态势。

云南民族旅游是基于“越是民族的，就越是世界的”理念而开发的，因而，云南的每一个少数民族都紧紧抓住这个既能构建群体自我又能发展自我的机遇，将族群文化的重塑与历史文化、民风民俗和得天独厚的自然生态景观结合起来，积极开发民族旅游产业，适时地调整旅游产业结构，尽力争取在民族旅游发展过程中不断发展和更新自我。如原路南彝族自治县，为了增强石林世界自然奇观与少数民族旅游相结合的宣传效应，更名为石林彝族自治县。中甸县也一样，更名为香格里拉县。每一个族群都在旅游大潮中重新塑造自我形象，强化族群认同。

丽江地处青藏高原和云贵高原的衔接地带，是滇西北多元文化的融合点，形成了汉文化、藏文化和纳西本土文化三位一体的独特文化。被称为“人类文明活化石”的纳西东巴文化，被列为世界文化遗产的丽江古城，象征着纳西族民族精神的玉龙雪山，都被视为丽江旅游的灵魂，其蕴含的深厚纳西文化底蕴是发展丽江旅游的关键。因此，政府明确提出将丽江建设成“民族文化强县”的口号。纳西东巴文化在 20 世纪 50 年代之后，随着社会和政治制度的急剧变迁，逐渐濒临崩溃。20 世纪 90 年代以来，旅游的开发使神秘的纳西东巴文化日益成为吸引国内外游客的主要文化元素。这与纳西族力图在旅游开发中恢复和再现东巴文化分不开，其中，再建构自我族群认同的内趋力起着不可忽视的作用。

白族聚居的大理，曾因下关地处昆明、保山、丽江三地交通要道，政府将城市建设的重心放在下关，而古城大理逐渐衰落。随着民族旅游的兴盛，古城大理又得到重视。政府不仅加大投资力度，引外资新建五星级宾馆，重建和修缮了大理古城城门、杜文秀帅府、三塔寺、蝴蝶泉等体现白族历史文化的古迹、遗址，还将大理、下关合并，更名为大理市，以此提高大理的知名度。在开发白族文化旅游的过程中，当地政府意识到民居建筑是展示白族文化特色的重要内容，于是一改城镇建筑的现代模式，强调白族民居建筑风格，从设计到建设都给予政策性扶持和指导，甚至给予资金上的补助。现在，不论在古城大理，还是大理到丽江的公路沿线，处处可见焕然一新的具有浓郁白族风格的民居建筑，使游客感受到白族与众不同的人文风貌。

（二）贵州省旅游发展现状

20 世纪 80 年代以来，各种有关贵州省情的旅游宣传品相继面世，其中的宣传重点就是自然风光与民族风情。1997 年，为了配合对贵州"旅游省""公园省"形象的塑造，一套规模宏大的"贵州旅游文史系列丛书"面世。该丛书第一批就有 40 卷，内容涵盖了贵州全省的山川河流、人文地理和历史，特别提出"民族风情与旅游相结合"。例如，丛书的"织金卷"以介绍有贵州乃至中国第一洞之称的织金打鸡洞为主，同时宣传了当地独有的民族旅游资源，特别提到了穿青人的庆坛戏。在民族旅游需求的驱动下，穿青人被预设了一层新的"旅游民族"身份。游人们到此旅游的目的，就包括深入了解穿青人庆坛戏和穿青族群的愿望。

这样的情形在黔中安顺一带"屯堡人地戏"景点中也得到了充分的展示。照如今的趋势推断，织金的穿青人庆坛戏看来也正追随成功者的步伐，演变为当地吸引游客的一种民族资源，进而促进"旅游族群"的形成。

三、西南地区民族旅游的发展前景

许多学者都指出，民族旅游是一把双刃剑。民族旅游不仅推动了民族地区社会经济的发展，也给当地带来了功利主义的冲击及社会风险。面对纷繁复杂的民族旅游实践，民族地区需要采取切实有效的措施，监控社会文化的变迁，追踪旅游开发效应，以便及时应对各种问题与风险。①

杨慧指出，云南民族旅游的开发为当地社会经济的发展带来了诸多的好处，总体上是积极的。同时，超速的民族旅游开发所造成的自然生态环境和人文社会生态环境的恶化，也引起了许多人的忧虑。因而，在民族旅游开发的过程中，探寻采取什么样的方式，怎样保护、传承少数民族传统文化，寻求传统与现代的最佳组合，维护民族文化的多样性及持续发展，不但可以使少数民族自身获得经济发展的机遇，而且对重新认识提升本民族传统文化的价值具有重

① 周大鸣. 人类学与民族旅游：中国的实践. 旅游学刊，2014（2）.

要意义。[①]

总之,民族旅游在中国日益流行,西南地区有着十分丰富的民族旅游资源,民族旅游业的发展前景是广阔的。同时,如何应对民族旅游开发中出现的问题,以促进族群文化的持续发展,也是值得所有人重视和思考的问题。

【参考文献】

[1]何琼.西部少数民族文化概论.北京:民族出版社,2009.

[2]孙九霞.传承与变迁——旅游中的族群与文化.北京:商务印书馆,2012.

[3]Tim Oakes,吴晓萍.屯堡重塑:贵州省的文化旅游与社会变迁.贵阳:贵州民族出版社,2007.

[4]杨慧,陈志明,张展鸿.旅游、人类学与中国社会.昆明:云南大学出版社,2001.

[5]张晓萍,李伟.旅游人类学.天津:南开大学出版社,2008.

[6]宗晓莲.旅游开发与文化变迁——以云南省丽江县纳西族文化为例.北京:中国旅游出版社,2006.

[7](美)尼尔逊·纳什.旅游人类学.宗晓莲,译.昆明:云南大学出版社,2004年.

[8](美)瓦伦·L.史密斯.东道主与游客——旅游人类学研究.张晓萍等,译.昆明:云南大学出版社,2007.

【思考题】

1.什么是民族旅游?

2.旅游文化的内涵和特点有哪些?

3.试分析西南地区民族文化旅游业的现状和发展前景。

---

① 杨慧.民族旅游与族群认同、传统文化复兴及重建——云南民族旅游开发中的"族群"及其应用泛化的检讨.思想战线,2003(1).

第十一章 全球化时代西南族群文化的发展

西南地区是中国少数民族最为集中的区域，族群文化的多样性特征也最为典型，从衣、食、住、行等物质文化，到文学、艺术、宗教、哲学、政治、经济等各个方面，西南地区各族群既各具特色，又交流融汇，形成你中有我、我中有你的地域族群文化。这些各具特色的地域族群文化，在与中原文化的长期交流中相互融合，为绚丽多彩的中华文化的形成做出了极大贡献。

现在，随着中国改革开放的稳步推进与现代化建设的继续发展，以及西部大开发与“一带一路”倡议的实施，西南地区已成为中国经济发展的重要一极。面对更加多样化的世界，不同的政治经济制度与文化体系在同一空间相遇，如何在主流文化与西方文化的冲击下，对地域族群文化进行合理的保护与开发，以促进西南地区各族群的文化传承和经济发展，是我们必须思考的问题。

第一节　全球化背景下的文化交流与冲突

在前现代时期，相互隔离的不同人群在各自的地理范围内独立发展，逐渐形成不同的文化类型，每个文化类型都有自己独特的文化特征。地理位置相邻或相近的文化类型在长时间的交流中相互融合，形成较大的文明体系。亨廷顿在《文明的冲突与世界秩序的重建》一书中，将现代世界划分为七大文明体系，即中华文明、日本文明、印度文明、伊斯兰文明、西方文明、拉丁美洲文明以及非洲文明。这些不同文明体系的内部，又存在不同的类型，有着大大小小的差异。当不同的文明体系在历史发展过程中相互遭遇，交流与冲突就不可避免,人类历史就是在不断的交流与融合中发展的。

一、全球化背景下的族群文化交流与冲突

文化以各种符号为主要的表现方式,既具有独立发展的特性,也具有相互传播的特性。人类学文化传播学派的学者就用"flow"或"flux"这两个词汇来表示文化传播是一种流动的状态。经济全球化的日益深入,为不同国家、地区、民族之间的文化传播、交流与融合提供了前所未有的大好机遇,"文化全球化"一词也开始出现在各种媒体的报道中,用来描述世界上不同文化以各种方式,在"交流"与"互异"的作用下,在全球范围内流动的现象。在文化全球化的过程中,各民族的本土文化大都能以开放的姿态与其他文化进行积极的对话,在相互交流、学习中发展本民族的文化。从这个层面来讲,文化全球化就是一个文化共性不断增长的过程。但是,不同的文明体系有着不同的世界观、人生观与价值观,直接影响着不同文明群体的思维方式与行为方式。因此,文化全球化不仅是人类文化共性的增长,也会出现不同文化之间的冲突。再者,文化全球化过程中,既有不同文化之间的相互作用,又有某一具体文化与全球化取向的文化大趋势之间的相互作用。后者暗藏着一种张力与冲突,即全球化作为当代世界发展的大趋势与全球化时代之前业已形成的民族文化之间存在着事实上的对立关系。全球化的大趋势还在很大程度上限制了经济落后国家族群文化自我防卫机制的发挥,使这类族群文化沦为弱势文化,丧失自我保护的能力,对整个文化系统造成严重的冲击。

价值观是一个族群文化的核心,它集中体现某一族群的理想追求,并对该族群的政治、经济制度发生稳定而持久的影响。在当前社会的急剧变迁中,当一个族群的价值观受到其他文化价值观的强烈冲击而发生变化时,就会导致社会秩序的混乱,进而出现严重的社会危机。

当代社会一系列科学技术革命以及制度的变迁,使得族群文化以及族群认同在全球化趋势中变得相当脆弱。互联网传播技术以及国际传媒集团的出现,使当今世界的文化交流,无论范围、强度、速度还是多样性,都是过去的时代所无法比拟的。发达国家利用这些优势,不遗余力地宣扬西方文化,强调西方主流文化的一元性,以西方中心的视角告诉全球人们该如何生活,预言未来

的全球文化是以西方文化为核心的同质化。这明显是以贬损和牺牲其他文化为代价的西方文化的全球化，严重损害了其他文化的利益。

二、全球化对西南地区各族群文化的影响

中国西南地区各族群的传统文化源远流长，每种族群文化都是特定历史时期的产物，都有着鲜明的族群特色。在长期的历史发展过程中，随着生产力水平的发展，各族群人民的价值观也随之发生变化，族群文化中一些不符合时代要求的部分逐渐被丢弃，这是历史发展的必然。

世界市场的形成，使一切族群的生产和消费都成为世界性的，物质生产如此，精神生产也如此，即"民族的即是世界的"。但是，在这样一场世界文化的盛宴中，先发的西方文化挟资本的优势，冲破时间与空间的阻碍，对非西方区域文化与族群文化造成很大的冲击，影响着非西方区域文化与族群文化的发展。这种影响，既有有利的方面，也有不利的方面。

（一）全球化对西南族群文化的有利影响

有人认为，文化全球化的大趋势是全世界文化的同质化，最终会形成单一文化。实际上，我们应该从挑战中看到机遇，寻找全球化对族群文化的积极影响。

首先，全球化有利于消除西南地区各族群文化之间的隔阂，达成一定程度上的文化共识，以促进族群间的合作。在历史上，西南地区各族群虽然处于一种大杂居的状态，但是一定区域内都是各族群集中居住，族群与族群之间（甚至同一族群内部不同支系之间）的交流与融合是以战争形式进行的。胜利的一方对失败的一方采取压迫性统治，或者采用联姻的方式来加强族群间的联系，以促进双方的和平相处与共同发展。

其次，全球化在一定程度上强化了族群的主体意识，为增强族群文化认同与族群凝聚力带来契机。外来文化的影响，在一定程度上会激起本族群人民对族群文化的保护，使族群文化在全球化进程中不被同质化或消灭。最近几年来，西南民族地区掀起了本族群语言学习的热潮，如西部方言苗族民间团体组织的语言培训班大量出现；民族地区的各种文化展演，包括为发展旅游的商业化的文化展演逐渐兴起；某些濒临消失的文化传统得以恢复，如纳西族的祭

天仪式等，便是西南族群文化对全球化冲击的反应。

最后，在全球化过程中，文化所承载的经济功能越来越重要，催生并强化了西南地区各族群文化的经济实用功能。改革开放四十年来，地方政府在推进经济发展的过程中，经常借助族群文化的力量，即“文化搭台，经济唱戏”的发展模式。各个族群的传统文化在当代展现出强劲的势头，既推动了经济的发展，也为本族群的发展提供了动力。

（二）全球化对西南族群文化的不利影响

全球化在推动西南地区各族群文化向外发展、展现出经济功能的同时，不可避免地有其消极影响，主要表现在如下方面：

第一，西方文化中最为外显的消费文化，对西南地区各族群的年轻人影响很深，在吃、穿、住、行等各个方面都有表现。消费文化中，商品交换的主体在获得物质产品的同时，也获得了该产品所蕴含的精神观念。物质产品的接受渐渐地推动人们的人生观、道德观乃至价值观发生变化，无意识之间成为西方文化的支持者与传播者，这不利于族群文化的发展。

第二，西方文化以互联网、广播影视等大众传媒输出西方意识形态与价值观，对西南地区各族群民众的传统价值观形成了一定程度的冲击，使得部分群众尤其是年轻一代对西方意识形态与价值观产生不同程度的认同，进而对本族群的传统文化与价值观产生心理隔阂，认为本族群的传统文化是落后的，不值得提倡。

第三，西南地区各族群的文化产业化发展受到制约。西南地区各族群文化的产业化发展还处于起步阶段，生产经营规模小、技术含量低，在总体结构上也不合理。西方文化拥有强大的资本实力和丰富的市场运作经验，中国成为其文化资本入侵的首选市场之一，西南地区的族群文化也是他们的重要目标。更为关键的是，这些外来资本经常在当地市场借鸡生蛋，利用西南地区较为廉价的劳动力，生产出符合地方消费习惯的文化产品，并把产权据为己有。这将使处于起步阶段的民族文化产业处于非常不利的地位，导致西南民族地区经济发展的滞后。

总之，全球化是一把双刃剑，我们既可以从中受益，也不可避免地会受到消极影响。在全球化的过程中，族群文化要尽量避开其不利的方面，不断发展与创新，才能使传承了几千年的族群文化在面对全新的世界时，以自己独特的姿态继续传承并发扬光大。

第二节　西南族群文化的保护、传承与创新

在全球化背景下，我国于2000年正式开始实施西部大开发战略，目标是努力实现西部地区经济又好又快发展，人民生活水平持续稳定提高，基础设施和生态环境建设取得新突破，重点区域和重点产业的发展达到新水平，教育、卫生等基本公共服务均等化取得新成效，构建社会主义和谐社会迈出扎实步伐。

2013年，我国又提出“一带一路”倡议。它充分依靠中国与相关国家既有的双多边机制，借助既有的、行之有效的区域合作平台，借用古代“丝绸之路”的历史符号，高举和平发展旗帜，积极发展与沿线国家的经济合作伙伴关系，共同打造政治互信、经济融合、文化包容的利益共同体、命运共同体和责任共同体。

无论西部大开发战略还是“一带一路”倡议，西南民族地区都在其范围之中。西南民族地区既是我国几十个族群共同的生活场所，是中华文明的发祥地之一，也是世界几大文化体系的交汇之地。因此，无论西部大开发战略还是“一带一路”倡议，都不能在执行的过程中片面强调经济的发展，而忽视族群文化的保护与发展。

文化是族群的基本特征，也是一个族群存在、延续并发展的动力源泉，与族群的经济发展紧密相连。族群文化的保护与开发，是在民族地区推行任何发展战略都必须考虑的问题。

一、西南族群文化遭受的冲击

当前，随着全球化的高歌猛进，西方工业文明在创造人类社会发展的物质基础的同时，也在破坏着自然界的生态平衡。西方文化正席卷全球，使全球文化朝着趋同化与单一化的方向发展，导致族群文化面临严峻的文化生态危机，时刻都有传统族群文化在消失。在这样的形势下，西南地区各族群文化所受到的冲击已经以多种形式表现出来：

（一）族群文化资源的消亡与流失严重

在历史上，西南地区的族群文化一直依存于自给自足的自然经济形态，与生态环境高度融合。如今，西南地区的族群文化所面对的是市场经济形态，无论偏远的乡村还是热闹的城镇，各类传统文化都受到外来文化的强势冲击。这就要求西南地区各族群的传统文化要适应市场经济形态，主动进行转型，以顺应历史发展的潮流。然而，各个族群文化对外来文化的适应期太短，还没来得及接纳新的文化因素并整合进传统文化中，就已经被破坏并开始消亡。

在西南民族地区的城镇化过程中，大量老城被改造，成片的旧居与依附其间的族群文化逐渐消失，代之而起的是千篇一律的现代建筑。随着大量农民工外出务工，很多族群的民间手工技艺面临失传的危险，一旦老艺人离世，就没有人把这些流传了千百年的技艺传承下去。传统民间工艺品大量流失海外，比如精美的苗族银饰、绣品，在海外藏品市场多见，而国内却很少留存。傩戏、藏戏等民间文化艺术在现代影视娱乐作品的冲击下日渐式微。传统农业生计模式的各种工具，如风箱、风车、水车、水碾，现在基本已弃之不用，其制作技艺也即将失传。西南地区各族群民居的主要类型如吊脚楼、土掌房、石头房，大部分被钢筋水泥结构的楼房代替，年轻一代几乎无人掌握修建技艺。一些民间习俗与禁忌也行将消失。这样的例子无法穷尽，因为几乎所有的族群文化都面临着这样的问题。

（二）族群文化旅游资源的过度开发

西南地区民族文化旅游资源丰富，近年来，开发的步伐也日益加快，这本来是利用传统资源促进族群文化发展的重要契机。但是，我们也看到，随着大量外地游客的涌入，主流文化正在或已经改变了当地人的价值观念，对当地民俗文化的传承与发展产生了影响。能够吸引游客的西南民族地区独有的风俗习惯、传统艺术与各类民间工艺品，往往又极度“脆弱”，在外来文化的冲击之下极易遭到破坏。受经济利益的驱使，过分商业化扭曲了民俗文化的原真性，甚至随意地将民俗文化庸俗化，使其失去了地域特色与乡土气息。对民俗文化旅游资源的开发缺乏相应学科的专业人才，又没有研究单位的智力支持，开发过程中只注重对“奇”“异”的追求，而没有对民族文化的深层含义进行调查，甚至大量仿建古建筑、仿制古董。几十年来的实践证明，这种过度开发与仿制的民俗旅游正在逐渐被淘汰。更严重的是，西南地区各族群的传统文化在这种过度开发中，已经遭到极大的破坏与扭曲。

（三）文物古迹严重消减

西南地区文物保护工作的基础本来就相对薄弱，再加上资金等原因，西南地区族群文化资源消减的问题没有引起各个方面的重视。很多地方的文物古迹风吹日晒，没有专人进行管理，普通村民也不懂文物保护法，对一些文物进行破坏的情况时有发生。

同时，长期处于贫困状态的西南民族地区急于脱贫致富，很多文物古迹成了经济发展的牺牲品。一些决策者不懂得历史文物的价值，认为与其投入大量资金进行维修保护，还不如一拆了之，再造新城，还能体现自己的政绩。例如，曾经是全国第一批历史文化名城的贵州遵义老城，就在地方旧城改造项目中被全部拆毁，凝聚着大量地方族群文化特色的旧城就此烟消云散。事实上，西南地区很多地方的旧城改造及基础设施建设中，地上地下的文物古迹常常逃不脱被拆的命运。当然，我们不是说守着文物古迹不发展了，而是强调在发展的过程中，也应该为祖先留下来的各类文化遗产采取保护措施，让它们流传后世。在西南民族地区的开发过程中，如果能够依托多样化的族群文化资源优势，发展具有文化特征的人文经济，二者相互促进，既能推进地方经济的发展，也能保护文物古迹，促进族群文化的传承与发展。

（四）族群语言文字消失速度加快

在西南民族地区，多数族群都有自己的语言，部分族群还有自己的文字。一些历史上没有文字的族群，在中华人民共和国成立后，也创制了自己的文字。语言和文字是族群文化传承的主要载体，是关系到族群生存与发展的重要因素。

但是，在全球化的冲击下，西南地区各族群的语言文字使用范围越来越狭窄。学校教育以汉语教育为主，民族语言文字很难在学校中得以传承，大多数只能通过家庭进行民族语言文字的教学与传承。现代大众传媒使用的也是主流社会的语言文字，使家庭层面的语言文字传承也面临极大的危机。在这样的语言环境中，西南地区各族群语言文字的传承受到很大的影响。一些语言面临着消亡的危险，比如土家族有超过 800 万的总人口，但是会说土家语的人数不超过 5 万，且都是年纪比较大的老人，他们在平时的生活中也很少用土家语。

二、西南族群文化的保护与传承创新

中华人民共和国成立以来，党和国家就赋予各民族传承和保护自身优秀传统文化的权利，并制定和实施了一系列有关民族文化传承与保护的法律、法规和政策。

我国宪法规定了各少数民族有发展本民族语言文字、保持或改革其风俗习惯和宗教信仰的自由，以及帮助各少数民族发展其政治、经济、文化、教育事业的内容，为全国各民族传承和保护本民族文化提供了根本性的制度保障。

1982 年颁布的《中华人民共和国文物保护法》规定了对少数民族文物进行保护的内容；1984 年颁布的《中华人民共和国民族区域自治法》明确规定了继承和发扬民族文化的优良传统，保障各民族享有使用和发展本民族语言文字的自由；1986 年颁布的《中华人民共和国义务教育法》规定，在以少数民族学生为主的学校，可以用少数民族通用的语言文字进行教学。2002 年，党的十六大报告提出，要保护“重要文化遗产和优秀民间艺术……扶持老少边穷地区和中西部地区的文化发展”；2007 年，党的十七大报告提出，要“激发全民族文化创造活力，提高国家文化软实力……加强对各民族文化的挖掘和保护，重视文物和非物质文化遗产保护，做好文化典籍整理工作”；2009 年，国务院颁布了《关于进一步繁荣发展少数民族文化事业的若干意见》；2012 年，国家民族事务委员会出台了《关于印发〈少数民族特色村寨保护与发展规划纲要(2011—2015 年)〉的通知》。

云南、贵州等省也制定了保护文化遗产的地方性法规。2000 年，云南出台了《云南省民族民间传统文化保护条例》；2002 年，贵州出台了《贵州省民族民间文化保护条例》；2012 年，贵州出台了《贵州省非物质文化遗产保护条例》；2013 年，云南出台了《云南省非物质文化遗产保护条例》。

我们应该充分运用国家的政策法令，做好西南地区族群文化的保护、传承与创新。

第一，地方政府干部和群众要认识到，族群文化关系到一个族群的生存与发展。保护族群文化就是保护族群生活的历史，并在此基础上促进族群的进步与发展。保护族群文化要结合实际情况，对优秀文化资源要发扬光大，对消极的东西要抛弃。近年来,各地政府逐渐意识到族群文化的重要性,开始有意识地对族群文化加以保护。贵州建立了第一个民族生态博物馆——六枝梭戛生态博物馆。此后,布依族、侗族、彝族等少数民族聚居区纷纷建立文化生态博物馆或民族文化遗产保护区,促进族群文化的发展与传承。

第二,要建立良好的族群文化生态环境。西南民族地区的发展涉及几十个族群,在发展的过程中需要解决好不同族群之间的交流与交融问题,以避免不必要的族群纠纷。同时,处理好主流文化与各个族群文化之间的关系,也是我们在对民族地区进行开发时应该注意到的问题。

第三,加强对西南地区各族群传统文化的研究,以研究促发展。西南地区各族群的文化绵延千年,体现出其存在的适应性与合理性,需要我们进行深入的研究。在这方面,各个学科的学者做了大量的工作,但大多停留在观察、记录和描述的层面。今后,各个学科应联合起来,对族群文化进行更深层次的研究,在研究的基础上合理利用族群文化资源,促进其发展。云南丽江就是一个研究与发展结合得较好的例子。

第三节　族群文化与西南地区经济发展

文化依附于一定的社会形态,并受其生计模式影响;同时,文化形态的发展也能促进经济形态的变化。西南地区各族群的文化资源极为丰富,我们要努力让族群文化在传承发展中也发挥其经济作用,产生更好的经济效益,使文化优势转化为经济优势。

一、西南地区族群文化资源的消费与经济发展

西南地区世居族群的多样性孕育了多样化的族群文化资源。各族群的神话传说、文化典籍为文学创作、新闻出版以及影视业提供了素材;民间音乐、歌舞以及其他艺术表演形式经过加工创新,可成为大型的演艺精品;各种民间工艺品,既可表演其制作过程,也可售卖产品;各类节日习俗、民族游戏与体育,游客参与其中既可娱乐又可健身;等等。

无论有形还是无形的文化资源,都需要转化为可视、可听、可感的形式,且

要具有消费者认可的市场价值，才能成为产品进入市场，并最终为消费者所接受，从而产生经济效益。西南民族地区经济发展总体水平较低，城乡差距较大，文化消费水平也低，而且消费的文化产品很多来自外部世界。因此，仅靠本地居民的文化消费很难促进相关领域的经济发展。根据历年来西南地区各省市的旅游收入统计，旅游正在成为西南各地文化消费市场最重要的一部分，旅游开发是西南地区族群文化资源产业化的战略选择。

二、族群文化产业化发展与经济增长

文化资源的开发主要是文化的产业化发展。当文化产业与旅游业进行关联时，文化的内涵优势与旅游的市场优势叠加，可形成资源互补、技术相长等优势，使族群文化资源转化成多元化的产品，提升资源的价值，促进文化资源的创新，将具有旅游吸引力的族群文化资源直接转化为旅游资源，形成文化旅游产品，促进地方经济的发展。

（一）族群村寨游

族群村寨游就是依托天然的居住环境，对族群文化如迎送宾客的方式、饮食、劳作、歌舞等加以开发，让游客接触到原生文化。西南地区各族群大多处于大杂居模式，但在小范围内一般都是聚居，有利于开展族群村寨游。贵州西江模式的村寨游已经成为开发的典范。

另外一种族群村寨游是异地模拟民族文化村，就是在异地选定地址仿建族群生态环境，一般是多族群混居的环境。云南民族村是这类村寨游的代表作，其真实感和文化氛围方面的体验不如原生态村寨里好，但因其不受地理和村寨接待规模的限制，在实际管理中更为灵活。

（二）族群博物馆游

近年来，西南民族地区各个族群都在大力兴建本族群的博物馆，既有地方政府兴建的，也有不少私人兴建的。比如，由政府修建的黔东南州民族博物馆收藏了黔东南各个族群的物质文化形态与精神文化形态的各类作品，堪称黔东南族群文化的宝库。此外，凯里学院也有自己的博物馆，另还有一些私人博物馆。这些以收藏族群文化产品为主的博物馆，将休闲娱乐与传播族群文化知识融为一体，成为一种新型的族群文化旅游产品，在保护文物、普及族群知识、开展族群文化研究等方面具有重要的社会价值和经济价值。

（三）族群节庆游

西南地区各族群都有自己独具特色的传统节日，可以对这些节日进行旅游开发，促进地方经济的发展。可以依托现有景区景点举办族群节庆活动，提升游客的体验，也可以独立开发。近年来，很多地方政府大力支持各族群的节日旅游开发活动，取得了不错的经济效益。比如黔东南台江地区苗族传统的姊妹节，在地方政府的推动下，以"中国苗族情人节"的面貌示人，同时推动招商会，吸引了大量外地游客，既是对当地苗族传统婚恋文化的传承与创新，也是推动地方经济发展的方式之一。

（四）民族地区的国家公园游

国家公园在世界各地都有推行，但在中国还是最近一二十年内才兴起的一种旅游方式。西南民族地区有大量的自然环境资源可利用，近年来也开始大规模建造国家公园，但是与国外的国家公园有着较大的差异。国外的国家公园建设中，景区里的人都要搬走；而我国西南地区的国家公园建设过程中，只是对核心景区的人口进行疏散，多数当地人还是在里面居住，国家公园里的自然资源还是能够为当地居民所用，遵从了自然规律。滇西北的三江并流景区、香格里拉的普达措等，都是成功的典范。

（五）族群文化艺术（演艺）游

西南民族地区多彩而神秘的族群文化资源，为旅游演艺节目的创作提供了丰富的素材。为满足大众旅游的需求，一大批高品质的旅游文化艺术节目应运而生，如广西的《印象·刘三姐》、云南的《云南映象》、贵州的《多彩贵州风》、重庆的《映像武隆》等，在推动地方旅游发展中起着重要的作用。

当代社会，文化已经成为现代经济发展的重要支撑。对文化资源的开发利用，是衡量一个国家经济发展水平与综合国力的重要标志。我们应该利用西南地区族群文化的资源优势，促进不同族群文化之间的相互交流与学习，实现优势互补，开发族群文化中的特色文化，推动其产业化发展。族群文化的产业化发展可以将西南地区的地缘优势、人文优势转化为经济优势，促进传统文化在新时代的自然转型，成为新的经济增长点，从而推动西南民族地区的经济发展。

【参考文献】

[1]郑晓云.全球化与民族文化:郑晓云学术研究文集.北京:中国书籍出版社,2005.

[2]缪家福.全球化与民族文化多样性.北京:人民出版社,2005.

[3]陈文殿.全球化与文化个性.北京:人民出版社,2009.

[4]彭岚嘉,陈占彪.中国西部文化发展战略研究.北京:中国科学出版社,2002.

[5](英)约翰·汤姆林森.全球化与文化.郭英剑,译.南京:南京大学出版社,2002.

【思考题】

1. 西南地区各族群文化在传承中面临哪些主要的威胁?
2. 全球化对西南地区各族群文化的发展有哪些不利影响?我们应该如何避免这些不利的影响?
3. 在西南地区各族群传统文化的传承发展中,我们应该如何利用全球化带来的有利契机?

编后记

西南族群文化研究是西南大学民族学本科专业的一门课程。在近十年的教学中，笔者很难找到合适的教材供学生阅读与参考。为此，笔者决定在课程组多年授课讲义的基础上，编写一本适合民族学专业本科生实际需要的的教材。

经过编写组的辛勤工作，《西南族群文化概论》终于完稿。在此，要特别感谢何琼女士，她编写的《西部少数民族文化概论》为我们这本教材的编写提供了方向与思路。同时，在编写过程中，我们也参考和借鉴了民族学、人类学、历史学、民俗学以及社会学等学科的大量研究成果，并尽可能注明了出处，在此向各位专家学者深表感谢！如有遗漏之处，盼得到各位学者的谅解！

中央民族大学历史文化学院苍铭教授、西南大学历史文化学院民族学院陈永亮副教授仔细审阅了本教材的初稿，并提出了宝贵的修改意见，编写组在此表示由衷的感谢。

感谢西南大学“十三五”规划教材项目的经费资助。

在本书的编写过程中，黄秀蓉拟定了编写提纲、审阅各章初稿并提出修改意见。西南大学与河南新乡学院的学者也参与了本书的撰写，具体分工如下：绪论、第一章、第三章、第四章、第五章、第九章以及第十一章，由西南大学黄秀蓉撰写；第二章、第十章，由西南大学李思睿撰写；第六章、第七章（第一节、第二节、第三节）、第八章由河南新乡学院张磊撰写；第七章第四节由西南大学李雅丽撰写。

西南族群文化源远流长，丰富多彩。由于条件所限，本教材不能穷尽所有，也未能做全面深入的专题研究。书中疏漏乃至错误之处，恳请各位专家学者批评指正，以便日后修改完善。

黄秀蓉

2018 年 12 月